拿工薪，三十几岁你也能赚到600万

[加拿大] 安德鲁·哈勒姆（Andrew Hallam）◎著

孟 波 刘寅龙 ◎译

The Nine Rules of Wealth You Should Have Learned in School

Millionaire Teacher

廣東省出版集團

广东人民出版社

·广州·

图书在版编目（CIP）数据

拿工薪，三十几岁你也能赚到 600 万 /（加）安德鲁·哈勒姆 (Hallam,A.) 著；孟波，刘寅龙译 .-- 广州：广东人民出版社，2012.6

ISBN 978-7-218-07667-6

Ⅰ.①拿… Ⅱ.①安… ②孟… ③刘… Ⅲ.①股票投资－基本知识 Ⅳ.① F830.91

中国版本图书馆 CIP 数据核字 (2012) 第 075117 号

NA GONGXIN, SANSHIJISUI NI YE NENG ZHUANDAO 600WAN

拿工薪，三十几岁你也能赚到 600 万

[加拿大] 安德鲁·哈勒姆 著 孟 波 刘寅龙 译

出 版 人：金炳亮

策　　划：中资海派
执行策划：黄 河 桂 林
责任编辑：肖风华 梁 茵
特约编辑：涂玉香 董莹雪 赖利芬 张 允
版式设计：张 英
封面设计：红杉林文化 谈志佳

出版发行：广东人民出版社
地　　址：广州市大沙头四马路 10 号（邮政编码：510102）
电　　话：(020) 83798714（总编室）
传　　真：(020) 83780199
网　　址：http：//www. gdpph. com
印　　刷：深圳市福圣印刷有限公司
书　　号：ISBN 978-7-218-07667-6
开　　本：787mm × 1092mm 1/16
印　　张：14 **字　　数**：194 千字
版　　次：2012 年 6 月第 1 版 2018 年 1 月第 8 次印刷
定　　价：36.00 元

如发现印装质量问题，影响阅读，请与出版社（020-83795749）联系调换。
售书热线：(020) 83790604 83791487 **邮 购**：(020) 83781421

致中国读者信

To my Chinese readers,

One of your country's proverbs provided great inspiration for this book: "Wealth doesn't pass three generations."

I believe this proverb serves to warn and inspire.

It warns the wealthy not be become complacent — and to remain prudent.

Yet it inspires those who aren't wealthy, suggesting that if they work hard and follow wise financial lessons, they could rise to the top.

Wishing you prosperity!

亲爱的中国读者：

中国有句古语叫做“富不过三代，穷不过三代”，与本书提倡的一些观点很吻合。我相信这句古语同时具有警告和激励的作用。

一方面，它警告富人不要自鸣得意、骄傲自满，要保持精明谨慎；

另一方面，它鼓励那些并不富有的人，只要努力工作并学会运用正确的理财投资方法，最后也一样可以成为富翁。

祝你好运！

哈勒姆

作者介绍

Millionaire Teacher

从 19 岁工薪族到 38 岁百万富翁的故事

没有退休金的英语教师

安德鲁·哈勒姆，加拿大人。他并非“富二代”，父亲是个机修工，母亲在一家超市做兼职。他目前在新加坡一所美国人开的国际学校教授高中英语。由于私立学校没有退休金，他不得不早早为退休生活作打算。

曾经的蜗居族

大学 4 年，安德鲁凭借助学贷款和业余兼职顺利完成了学业。大学毕业后，他到一所学校教授 7 年级课程。为了尽快还清助学贷款，他省吃俭用，曾住过地下室、每天只吃马铃薯和意大利面、走几里路去上班……见他生活如此清苦，他的一位同事差点要发动大家为他捐款。就这样，仅用短短一年的时间，他就还清了所有贷款。“无债一身轻”，从此，他走上了自助投资理财之路。那一年，他 19 岁。

专业级别的业余投资者

19 岁时，安德鲁就开始投资，从此一发不可收拾。多年来，他一边自学投资理财知识，一边进行投资实践。在此过程中，他遭受过自称“回报率 54%”的贷款公司的金融诈骗，也经历了 1999 年的科技股狂潮泡沫，还有 2001 年“9·11”后的股市低迷，2008 年的大熊市……尽管如此，1990—2011 年，他的投资收益率依然超过了 10%。到目前为止，他投资的本金比最初翻了 7 倍。在这样的投资实践中，他的理财知识已远远超过了专业投资者。他曾帮助一位女士免遭理财机构的“金融剥削”。后来，她炒掉了理财顾问，嫁给了他。

没有负债的百万富翁

安德鲁真的凭借一名教师的薪水变成了百万富翁。现在，他和妻子过着衣食无忧的生活。他们不仅拥有一辆高档奔驰汽车，还有一辆经济实用的马自达。他们可以无所顾虑地周游世界，已去过 25 个国家。他们住的是自有产权的豪华公寓，配有大型游泳池、宽敞的庭院、网球场和健身房。他们喜欢按摩，每年 52 个星期都可以享受按摩服务。除此之外，他还建立了一个价值百万美元的投资组合。这一年，他 38 岁。

“专业知识简单讲”理念实践者

2002 年，安德鲁开始撰写理财类的文章，发表在 *MoneySense* 杂志及《读者文摘》上，并两次被提名为加拿大“全国出版奖”候选人。他还就“致富 9 原则”在《环球邮报》及《华尔街日报》上发表多篇文章，丰富了巴菲特的投资理论。

为保护朋友及同事不受金融服务业的欺诈与“剥削”，安德鲁在 2006 年开始教授投资理财课。为了编写一本通俗易懂的教材，他与许多有志于投资的非金融界人士共同探讨，分享感受。他们把不理解的内容和疑点难点都反馈给了他。这样，他就可以随时做必要的修改，以解释一些金融术语，或是干脆避免使用它们。最后，这本书就面世了。

权威推荐

Millionaire Teacher

经典畅销书《漫步华尔街》作者　伯顿·G. 马尔基尔

安德鲁·哈勒姆把专深的投资理论汇聚成 9 条通俗易懂、方便易行的法则。我认为，每个新手投资者都不可能找到比《拿工薪，三十几岁你也能赚到 600 万》更好的投资指南了。

《投资者宣言》《投资的四大支柱》作者　威廉·J. 伯恩斯坦

你是否花费太多，储蓄太少？你是否想知道为什么你的投资总是不如别人？在这本简单明了、妙趣横生而又富有说服力的书中，作者将告诉你原因何在以及如何面对这个问题。

加拿大最具影响力英文报《环球邮报》财经专栏作家
约翰·海因茨尔

安德鲁·哈勒姆用自己的亲身经历告诉我们，要做自己财富的主人，你不必拿高薪，也不必依赖复杂的交易系统，更不必依赖理财顾问。你完全可以量入为出，凭借低成本指数基金这样的简单理财工具，成为你理想中的富人。《拿工薪，三十几岁你也能赚到 600 万》把无数投资智慧归结为 9 大简单的法则，是一本值得研读、值得深思的投资指南。

美国 AssetBuilder 资产管理公司首席投资战略师

环球报刊集团理财专栏作家　斯科特·伯恩斯

《拿工薪，三十几岁你也能赚到 600 万》是一本精彩纷呈的好书，假如要设一本名为“生活常识”的课程，它肯定是最佳选择。它从零开始，深入浅出，让你在最短的时间内找到通往理财与投资殿堂的钥匙。另外，幽默诙谐的语言则让它浅显易懂。

《风险探究》作者　拉里·斯韦德鲁

安德鲁·哈勒姆的书绝对是初级投资者最急需的入门级讲座。在这本《拿工薪，三十几岁你也能赚到 600 万》中，他不仅从个人理财的角度阐述了诸多成功之道，也对投资进行了深刻剖析。假如你身边的某个人遭遇理财危机，请把这本书推荐给他。这或许也是他最成功的一笔投资。

《全面解读巴菲特》作者　罗伯特·P. 迈尔斯

把你的支票簿放在一边，把这本《拿工薪，三十几岁你也能赚到 600 万》送给每一个年轻人。你是在送给他们一生中最宝贵的礼物，因为这关系到他们的财务自由与成功。

《新咖啡屋投资者》作者

桑德马克资产管理公司投资总监　比尔·舒尔特海斯

每一个对自己负责的投资者，都应该看看《拿工薪，三十几岁你也能赚到 600 万》这本书，它是一本给人以无限启发和深刻教诲的投资精品读本，所有人都能从中获益。这本生动活泼、充满生活智慧的书，可以让读者从全新视角认识财富的积累过程。最重要的是，一旦翻开这本书，会让人爱不释手。

《柯克报告》作者　查尔斯·E. 柯克

我很少看到值得与大家分享的理财书籍，但《拿工薪，三十几岁你也能赚到600万》就是这样一本书!

《百万分的密码》《懒人投资指南》作者　保罗·B. 法蕾尔博士

如果你今年只打算买一本书，那就应该是这本《拿工薪，三十几岁你也能赚到600万》。研究表明，很多投资者对理财知之甚少。而这本书将激励新一代的年轻投资者，让他们打败华尔街，为自己赢得一个美满的退休生活。

奥希金斯资产管理公司董事长
《打败道琼斯离不开债券》作者　迈克尔·B. 奥希金斯

与大多数投资书的作者不同，安德鲁·哈勒姆是通过节俭开支，并用“口袋里的钱”理性投资和生活而成为百万富翁的。因此，他的《拿工薪，三十几岁你也能赚到600万》当然有理由成为平民百姓追捧财富的最佳指南。

RW 投资战略公司总裁
“自助式投资者”博主　罗伯特·沃兹莱夫斯基

如果说要为高中生或是本科生推荐一本理财入门教材的话，安德鲁这本《拿工薪，三十几岁你也能赚到600万》绝对是不二之选。这本书语言流畅自如，耐人寻味，无疑将会提高各个人群对理财知识与实践的认知水平。

亚马逊读者五星级评论

Millionaire Teacher

D. Downie

我和丈夫先后阅读了安德鲁的这本《拿工薪，三十几岁你也能赚到 600 万》，我们一下子就被它深深吸引了。他的书清晰流畅、说服力强、操作性强。我现在就想重新规划我的投资组合。

Mary

我和我丈夫都都在教育部门工作，只有中等收入。我俩都读过这本《拿工薪，三十几岁你也能赚到 600 万》，我想，只要按照书中的方法去做，多年后，我们一定会拥有一个富足的退休生活。从现在开始，我要将这本书推荐给所有即将毕业的学生，这可能是我所能给他们的最好的礼物了。

Sophie Chen

我真希望我在 22 岁时就已经读到这本《拿工薪，三十几岁你也能赚到 600 万》。那时，我也读过一些投资理财方面的书和文章。

7 年之后，当读到这本书时，我才发现，这么多年投资，我浪费了不少钱。我一天内就把它读完了，因为我不费吹灰之力就能领会许多投资方面的技术问题。

Vikingo

哈勒姆先生很擅长写作，而且是一位平民百万富翁。我见过他本人，他非常低调，很有真才实学。对于我们这些非金融专业的人来说，他的作品很好理解，而且教会我们享受人生而不为金钱所困扰。赞美哈勒姆先生，谢谢你。

Stephen A. Schullo

安德鲁的这本《拿工薪，三十几岁你也能赚到 600 万》里没有那么多术语，文字风格很轻松。他用了一些绝妙的比喻来解释复杂的概念，读起来很有趣。这种由非专业人士撰写，向读者传授自身经验的书真是太少了……关键是，这些我们都学得会，这太棒了！

Robin Poirier

我很荣幸，10 年前，安德鲁·哈勒姆就是我的高中老师。当我听说他写的书出版了，就毫不犹豫立即订购了两本并一口气读完了。这是每个不了解或不是完全了解股市的人都不容错过的一本书。它会让你在最短的时间获得最大的收益，并完全掌控自己的资金和账户。

Andrew Garett

作为一名拥有金融和 MBA 学位，在华尔街工作过的专业人士，我向那些正在投资，或者打算投资，又或者想要了解投资的读者热忱推荐这本书。作者用强有力的经验数据支持自己的观点，这比一些老生常谈的东西更为简单和有效。如果你真想通过投资来赚钱，就应该好好读读这本《拿工薪，三十几岁你也能赚到 600 万》。

Stars Felix Levitan

这本《拿工薪，三十几岁你也能赚到 600 万》幽默、通俗、易懂、实用，连我那 16 岁的女儿都看得懂。我以前也给她看一些理财书，但这是唯一一本她喜欢并能看懂的书。实际上，这也是她唯一看完并完全接受的一本书。

Michael Thomas

我是一个二十几岁的年轻人，这本书改变了我的人生。这是一本不可思议的好书，我从书中学到太多了，但我并不希望它如此畅销，我只希望我是唯一一个获得这些知识的人。

Linda

所有的父母都应该买这本书送给自己的孩子，让安德鲁·哈勒姆教他们如何管好自己的钱。已入职场的年轻人只要明白了积累财富的便利方法，就不会“做到老，穷到老”了。

Jamie

《拿工薪，三十几岁你也能赚到 600 万》好读又实用，是一座智慧宝库。现在我可以轻松地自助投资，不用花费那么多时间和精力来做令人头痛的计算和比较。事实上，我关注股市的时间越少，效果反而越好。

推荐序

Millionaire Teacher

让你终身富裕的秘密

凯恩斯

新浪财经点击过亿 10 亿风云博主、首席理财分析师

股市有风险，入市须谨慎。这是投资人进入股市得到的一个警告。为什么股市有风险，仍然有很多人不断投资股市呢？因为不投资股市你可能没有风险，但是也可能让你失去了富裕的机会！本书作者是个教师，他通过自身的经历，讲解一个非专业人士如何通过简单的投资终身富裕。

第一个让你富裕的秘密是不要借贷投资。不要拿你的全部资产来投资。因为借贷投资，一旦投资品暴跌，会放大你的风险，亏损的恐惧往往让你在最低点卖出。第二，就像“富爸爸”一样，你要有资产性收益。你需要借助资本市场来放大你的资金，并能在泡沫成型时卖出。当然，资金少的投资者也许会认为，应该尽量做短线交易，其实华尔街百年的统计数据结果告诉我们，短线交易不会让你发财。

在股市里投资赚钱其实是很简单的，简单到可以用一句话来概括：对于长期投资来说，你就是选择那种有发展前景，并且存在强大护城河的中小型企业的股票，待他成为一个伟大的公司后卖出。就像沃伦·巴菲特 40 年前买进可

口可乐，然后一路持股，直到企业不再发展再去兑现利润。美国一个小镇上的居民，因为分析师的忽悠，在 40 年前家家户户都买了可口可乐，现在这个小镇的人均资产是全美国最富裕的：因为每家都买了可口可乐，当初的 1 万美元变成了几千万美元。

对于选择进场的时机问题，其实也很简单：高抛低吸。但是这个高抛低吸不仅仅是股价的高抛低吸那么简单。股价的低点是市场最有价值的时候，没有人想买股票的时候，而不是你身边扫地的阿姨都能向你讲出某只股票会涨到多高价格的时候。

一次次股市牛熊转换的历史告诉我们，当市场中每一个人都在避开购买这些资产的时候，往往是股票价格最便宜的时候。如果把眼光放得长远些，目前股市低迷恰恰是价值投资者选好股的投资机会。所以你要懂得在人声鼎沸时离场，在一片黑暗时进场，这才是真正的高抛低吸。

你知道了哪些让你终身富裕的秘密？

目　录

Millionaire Teacher

自　序　理财 DIY，保卫你的钱包　1

致富黄金法则一

要做富翁，就要像真正的富翁那样花钱　3

她住豪宅，戴劳力士，为什么我却不再愿意给她的孩子当家教？
为什么 60% 的高收入 NBA 球员在退役后 5 年内即宣告破产？
百万富翁为何喜欢买二手车？

消费前，先分清“想要”和“需要”　5

非要买车时，怎样最省钱？　9

还得起翻倍房贷利率时再买房　15

养成“负责任”的消费习惯　17

像富翁那样花钱，你也可以成为富翁　21

致富黄金法则二

复利：攒钱要狠，投资要早，时间要久　25

一个捡废品的小姑娘，每月只投资 300 元，收益竟远远超过投资银行精英每月投资 5 000 元？
世上最高的税后收益率竟然是还清信用卡负债？
3 个月存款翻 2 倍，他是怎么实现的？

利用复利，让钱加速倍增　28

无论 18 岁还是 50 岁，赶快开始投资吧！ 29
先投资后消费，才能滚出第 N 桶金 33
股市不相信眼泪，但相信时间 36

致富黄金法则三
买指数基金，不只保本，还要稳赚 43

原本属于你的 78% 的收益到哪里去了？
大熊市，他居然能赚钱；大牛市，你竟然还赔钱。为什么？
与其挑选几只绩优股，不如买下整个股市。如何才能做到？
她为何炒掉了理财顾问，嫁给了我？

别让属于你的 78% 的利润被他人偷走 45
多位投资高手力荐指数基金 50
主动基金 VS 指数基金，到底孰优孰劣？ 52

致富黄金法则四
远离盲目和贪婪，才能拥抱高收益 71

巴菲特为什么一遇到熊市就亢奋地购入？
买入的股票价格上涨了，为什么他却觉得很郁闷？
工资不高，花钱不少，你凭什么在财富上超过你那高收入的邻居？
商场打折你知道抢购，股票都跳楼价了你还不买？

保持理性，也就保住了 10% 的平均收益 72
股市的走势你别猜 76
盈利 150%？快躲开科技股泡沫！ 84
下跌的股票就是打折商品，赶快抢购吧 88

致富黄金法则五
备好“投资组合”降落伞，股市下跌稳着陆 97

2008 年股市大崩盘，众人惊慌失措，我为什么能坐享收益？

为什么说购买短期债券更划算?
年龄与投资比例有什么关系?
懒人如何比聪明人赚得更多?

买债券，为你的钱保个险 99
调整投资组合，股市崩盘也可获利 101
把你的指数投资组合“全球化” 104
“懒人投资组合”：一年只调整一次 106

致富黄金法则六
试试“全球指数”，把鸡蛋放进更多篮子里 115

一年只花 10 分钟投资，儿科医生竟能战胜华尔街?
2006—2011 年，尽管经历过大衰退，仍能实现 30.7% 的收益率，他是如何做到的?
一个长跑运动员，如何在 6 年内获得 28. 5% 的总收益率?

美国指数：调整组合，以丰补歉 116
加拿大指数：甩掉成本，轻装上阵 123
新加坡指数：低成本、巧配置 130
澳大利亚指数：
多重组合，投入越多，收费越低 134

致富黄金法则七
捂紧钱包，躲开理财顾问的“糖衣炮弹” 141

谷歌高管拿什么抵抗金融机构的“金融剥削”?
晨星评出的超级明星基金为何收益狼狈?
理财顾问只上过 2 周的理财速成班? 你还敢相信他们吗?

如何识破理财顾问那些小伎俩? 142
指数基金让“理财精英”甘拜下风 150
武装到牙齿，全力抵抗金融“剥削” 152

致富黄金法则八
投资领域诱惑多，理性抵制是关键 157

每年 54% 的回报，究竟隐藏着怎样的陷阱？
他的 4 万美元变成了 1 000 美元！你还敢相信荐股报告吗？
若在 1801 年花 1 美元买黄金，到今天只够给小汽车加满油……

看清投资荐股报告背后的真相 163
谨慎投资 GDP 快速增长的新兴市场 167
“炒黄金”不是投资，而是投机 168
瞪大眼睛，看清投资杂志真面目 170
对冲基金：偷富人钱包里的钱 173

致富黄金法则九
一定要买股票时，请用“10% 投资选股法” 179

为何女人比男人更容易从股市投资中获益？
苹果那么牛，我却从不买它的股票，为什么？
每股 5 美元比每股 100 美元的股票更贵？

学习巴菲特纵横股市的秘诀 181
首先要了解你不知道的是什么 182
识别优质企业，选择绩优股 184
像私家侦探那样收集一手信息 195
与债券收益率比较，决定买进时机 195
满足两大条件时，该出手时就出手 197

附录 1 中国指数基金产品名录 202
附录 2 利用本书方法购买中国被动式指数基金范例 204
附录 3 投资中国被动式指数基金小贴士 205

自 序

Millionaire Teacher

理财 DIY，保卫你的钱包

如果想成为富人，很少人会选择我的职业。我是一名高中英语教师，典型的中低收入者，但是在三十多岁时，我却变成了没有债务牵挂的百万富翁。**我没有让自己的钱承担额外的风险，也没有从任何人手里继承过一分钱。大学期间，我自己支付了全部学费。我凭什么能独立承担自己的学业费用，而且还能在三十几岁时成为一个没有负债的百万富翁呢？**我很幸运，从很多金融奇才的身上学到这些智慧，他们让我掌握了那些在高中时代应该学到的东西。

缺乏投资规划和糟糕的理财教育，让很多人陷入了只会花钱不会理财的尴尬境地，更要命的是，他们还总想着和那些同样不知理财为何物、花钱如流水的邻居攀比，丝毫不愿落后。你要是想致富，绝对不能染上你的邻居的坏习惯。你不能像他们那样去花钱，或是像他们那样去借钱，更不能像他们那样去投资。帮助你的邻居投资的都是普普通通的理财顾问，他们一味向你鼓吹发财梦，而你根本不知道花了多少理财顾问费。

绝大多数理财规划师不会真正在乎你的利益，不管他们表面上对你多么亲切友善。但是学校并没有教我们这些东西，因此，你经常会发现自己买错了理财产品，而腰包里的钱却神不知鬼不觉地变成了别人的梅赛德斯—奔驰。这本书将教给你的，正是如何避开这些陷阱。

但是，市面上有数以千计的理财类书籍，你为什么还要劳神费心地看这本书呢？要回答这个问题，我还得告诉你，我为什么要写这本书。

我的很多教师同事都知道，除了教英语之外，我还发表了很多关于个人理财的文章，其中有两篇还得到了加拿大“全国出版奖”(National Publishing Awards）参选作品提名。因此，他们就请我传授一下投资方面的技巧。但是，有限的几次研讨会解决不了什么问题，我就想找一些最简单但却能说明理性投资概念的理财类书籍，买上几箱送给同事们当礼物。

我确实这么做了，最终挑选了12种书，并购买了80册。然后，就像给学生上课一样，我和同事们组成学习小组，共同讨论他们的心得。

这时有一个问题出现了。财经作家们使用的术语常常像希腊语或是象形文字一样晦涩难懂。很多财经作家似乎根本就没有意识到，他们写的东西绝非一般人所能理解。因此，我需要通过另一种不同的载体来延续自己的理财教学。于是,我在100多位朋友和同事的帮助下创作了这本书。我们的免费理财课还在继续，但是在以后的课堂上，我的问题似乎比答案更多，因为我想知道，拥有大学教育的普通人是怎样理解金钱的，因为只有这样，我才能找到最广泛的听众。

在创作《拿工薪，三十几岁你也能赚到600万》一书时，我与许多对投资感兴趣的非金融界人士共同探讨，分享感受。他们把理解掌握的内容和疑难点都反馈给我，这样，我就可以随时做必要的修改，以解释一些金融术语，或是干脆避免使用这些术语。

最后，这本书水到渠成了，出自一位与学生倾心交流的百万富翁教师之手。在这本书里，我讲述了每个人都应该在课堂上学到，但学校根本就没教过的9大致富黄金法则。你将了解如何规避恐惧和贪婪的陷阱，还有那些想把他们的手伸进你钱包里的人以及怎样像一个百万富翁那样去花钱,用最理性的方法去投资。正是凭借这些永不过时却简单易行的规则，我在三十几岁就成了百万富翁。现在，该是你来体验这一切的时候了。

MILLIONAIRE TEACHER

致富黄金法则一

要做富翁，就要像真正的富翁那样花钱

她住豪宅，戴劳力士，为什么我却不再愿意给她的孩子当家教?

为什么 60% 的高收入 NBA 球员在退役后 5 年内即宣告破产?

巴菲特在 11 岁的时候就买了第一只股票，可他还说自己出道太晚，你还等什么?

百万富翁为何喜欢买二手车?

Spend Like
You
Want to
Grow Rich

30 岁的时候，我还算不上富人。但如果我愿意我可以装富，而且很简单：租一辆保时捷，借一大笔钱买一幢外观华丽的豪宅，全球旅行并住五星级酒店。我可以让所有看到我的人都以为我是富豪，或者也可以凭着银行贷款和信用卡源源不断的资金输送来维持光鲜的生活。但表象总是和事情的本质存在差距。

理财故事

住豪宅，戴劳力士，存款不足 150！？

2004 年，我在新加坡给一个小男孩做家教。每周六，他妈妈都会开车把孩子送到我的住所。她开的是最新款的捷豹跑车，在当地的价格高达 25 万美元以上（新加坡的轿车价格非常昂贵）。他们住的是豪宅，妈妈戴的是劳力士。我认为他们绝对是名副其实的富人。

几堂课之后，该女士拿给我一张支票。她满脸笑意，滔滔不绝地讲述着刚刚过去的海外假期，也对我在这段时间对孩子的关心千恩万谢。

她开出的支票面额是 150 美元。揣着支票，我已经迫不及待了，她前脚刚离开，我后脚就登上自行车，飞也似的径直奔向银行取钱。

但事情却让我大跌眼镜：支票竟然遭到银行的拒付，因为她的存款账户余额不足150美元！

当然，任何人都会遇到这样的情况，但对这样的家庭来说，遭遇如此尴尬事件的概率无异于加德满都全城断电。我真担心她会在这时打来电话恳求我等一周，等她的支票账户充上资金再去兑现这张支票。最终，我选择了知难而退，直接告诉她，我不能再给她儿子做家教了。

你能想到会发生这样的事情吗？毕竟，她应该非常富有：开捷豹跑车，住着顶级豪宅，戴着劳力士，丈夫又是一位投资银行家，家里的游泳池或许都是用美钞铺成的。但我又忽然意识到，或许她根本就不是什么有钱人。手里拿着一张大额支票，过着海湾皇族般的生活，并不能说明他 / 她一定就是富人。

消费前，先分清“想要”和“需要”

如果我们对致富有兴趣的话，就应该像医生那样发一个“希波克拉底誓言”：切勿造成伤害。我们生活在一个随时能得到满足的时代。假如你挂念此时此刻身处地球另一边的人，一个短信或者一个电话就可以解决问题；如果你想购买某种商品，而且希望送货上门，只需打个电话，再输入你的信用卡号码，即使没钱付账也没关系。

就像那个住在新加坡、貌似极端富庶的美国家庭一样，如果我们一心只想着怎样挥霍自己根本就没有的钱，只会损耗我们未来的财富。入不敷出、寅吃卯粮的故事随处可见。

要在财务上远离风险，我们就必须积累资产，而不是负债。能让人终生受用的最保险的办法，就是少花多赚，然后用剩下的钱理性投资。但太多的人却没有区分清楚什么是“所需”，什么是“所想”，也因此损害他们的“财富健康”。

在我们身边，有很多人一出校门便找到一份能让自己衣食无忧的好差事，然后就走上了过度消费之路。最初往往是无意而为之，或许只是用手头的信用卡买了一张新餐桌，但马上发现餐盘和刀具不配套，于是换掉；接下来是长沙发，越看越觉得和优雅别致的餐桌不搭调，不过，好在还有 Visa 卡（信用卡），谢天谢地——该是换掉这个破沙发的时候了。但没过多久，这些亲爱的朋友又注意到，旧地毯根本就配不上新沙发。

于是，他们开始在五彩缤纷的广告里疯狂搜罗，为他们的新沙发找上一张相配的波斯地毯。然后，他们开始梦想着再添置一套新娱乐系统，而后是全面装修，最后还有一次夏威夷豪华游。

与其说他们生活在“美国梦”之中，还不如说他们早已经深陷魔幻世界的梦魇而难以自拔。宙斯惩罚西绪弗斯（Sisyphus，希腊神话中的人物，他因为卓尔不凡的智慧惹恼了众神，作为惩罚，双目失明的西绪弗斯被判将一块大石头推上山顶，但每次都要承受大石头滚回山谷的结局。——译者注）的方式，就是让他不断把巨石推上山，而每当接近山顶，巨石就会滚回山脚。

不良消费习惯也让很多消费者面对着同样残酷的恶性循环。每当债务快还清的时候，他们就会忍不住给自己一点奖励。这就让负债的“西绪弗斯”巨石越滚越大，最终把他们推入永不见天日的深谷。

攒钱买东西（而不是以信用卡购买）是 20 世纪 50 年代的事，早已过时了——至少今天的很多消费者是这么认为的。而结果自然不难想象，21 世纪给了我们堆积如山的负债，而我们唯一能做的事情就是把这些负债藏起来，让我们的外表依旧光鲜靓丽。

在学习投资积累财富之前，我们首先要学习如何攒钱。如果我们想凭借中低收入者的薪水致富，那么，我们就不能做一个平庸的投资者。我们必须彻底摈弃那些令很多人吃亏的消费习惯。

《华尔街日报》（*Wall Street Journal*）指出，仅在 2010 年，美国家庭的人均信用卡负债就高达 7 490 美元。而《赫芬顿邮报》（*Huffington Post*）商业版在 2011 年的一篇报道中则指出，23% 的美国人为购买按揭房产而欠下的负债超过其房产市值。在内华达州，66% 的房产所有者即使卖掉自己的房产也不足以清偿抵押贷款。

而这恰恰是最有趣的地方。你或许会以为，只有那些低收入的工人才会入不敷出。但你不妨看看这些：

1973 年以来，美国畅销书作家、理财分析师托马斯·斯坦利（Thomas Stanley）一直对美国富人进行调查。斯坦利发现，在美国，大多数市值达到100万美元(截至2009年)的房产并不属于百万富翁。相反，绝大多数价值百万的房产均以抵押贷款购置，而且房主均属于崇尚高消费之流。与此形成鲜明对比的是，那些符合百万富翁基本标准，即拥有的净资产价值达到 100 万美元的美国人，90% 居住在价值不到 100 万美元的住宅里。

假如理财这个问题也存在所谓的"希波克拉底誓言"，那么，很多人会对自己食言。如果你确实家财万贯，大手大脚当然不碍事。但**不管一个人的薪水有多高，如果失业时他不能依旧活得滋润惬意，那就只能说明他并非真的有钱。**

做个真正的"有钱人"

区分"真有钱"和"假装有钱"很重要，因为只有这样，你才不会陷入由装阔的人杜撰出来的生活方式。有钱本身就是一个相对的概念，但至少应该满足如下两个标准，才会被视为"有钱"：

- 他们可以选择不工作，而不必为了生计而担忧。
- 他们所持有的投资、养老金或信托基金，可以保证终生都有两倍于本国中等收入家庭的收益。

根据美国统计局提供的数据，2009 年美国中等收入家庭的平均收入为 50 221 美元。按照我对"有钱"的定义，如果一个美国人的投资每年可以带来两倍于此的收益（即不低于 100 442 美元），那么，我们就可以认为他是有钱人。不过，赚到两倍于本国中等收入家庭的钱，而且不想工作就不工作，这对很多人来说或许只是一个梦想。

想要致富，就要先学会怎样花钱

由于本书的重点是通过股票及债券市场投资致富，因此，我们不妨举一个具有可比性的例子。如果约翰创建一个价值 250 万美元的投资组合，他只要每年卖掉其中的 4%，相当于每年 10 万美元，就能保证手里从不缺钱。假如这笔投资每年都能实现 6%—7% 的增值，他就可以每年都多拿出一点投资进行变现，用来弥补不断上涨的生活成本。

假如约翰恰好处于这种状况，那么，我会认为他是个有钱人。如果约翰还有一辆法拉利汽车和一套价值百万美元的房产，那我肯定，他是个非常富有的人。

如果约翰拥有一笔价值 40 万美元的投资，拥有一套主要是靠抵押贷款购置的百万美元住宅，开着租来的法拉利，我会认为，约翰根本就不是有钱人，即便他每年可以有 60 万美元的薪金拿到手。

我并不是建议大家都像守财奴那样去生活，把赚到的每一分钱都省下来。我也尝试过那样的生活，确实毫无乐趣可言。但假如想变成有钱人，我们就必须有一个目标明确的计划，而最关键的第一步就是安排好我们的开销，只有这样，我们才有钱可以投资。如果说积累财富是每个人都要上的一门课，每年进行考核，你知道谁会不及格吗？居然是职业篮球运动员！

在美国职业篮球联盟（NBA），大多数球员每年的收入都可以达到上百万美元。但他们是有钱人吗？大多数球员看上去都非常有钱，但关键点并不在于你赚了多少钱，而在于你如何支配你的收入。2006 年，《多伦多明报》（*Toronto Star*）发表的一篇文章指出，一名 NBA 球员工会代表在参观多伦多猛龙队时就曾警告球员们要节制消费，他提醒这些球员，60% 的退役球员在失去作为 NBA 球员的可观收入后 5 年内即宣告破产。怎么会出现这样的情况呢？很遗憾，大多数 NBA 球员的理财意识极差，甚至根本就没有。因为，高中教育没有帮助他们为理财做任何准备。

只要遵循本书中的致富原则，你就可以向财政自由的道路迈进了。严格遵守这些原则，你甚至会变得富有——真正的富有。让我们从遵循致富9法则中的第一条开始：**想要致富，先学会花钱**。缩减不必要的花费，将省下来的钱用于投资，从而使投资最大化。

当然，凡事说起来容易做起来难，尤其是别人在大肆购买你也想拥有的东西，而你只能过过眼瘾的时候。不要总是想着别人家的草坪更绿，要学会欣赏自家的草坪，如果非要比较的话，跟我父亲的老破车比比吧。这样，你就可以奠定财富的基石了。这种方法在我身上很管用，我讲给你听听。

非要买车时，怎样最省钱？

最保险的致富之路，就是首先要学会量入为出，而且花的要比赚的少得多。假如你能转变观念，对现在所拥有的感到满足，你就不会受到诱惑而肆意挥霍自己的钱财。这样，你就可以把钱进行长期投资，而借助股市神奇的复利，即便你拿的是中低收入者的工资，最终也能积累成一个金额可观的投资账户。

有了爸爸的那辆破车做对比（它不光破，还漏呢），我觉得自己很富有，我的“宝驾”在下雨时车顶或者车窗可不会漏水。我可不想拿自己的车跟那些看起来更新、更酷，开起来更快的车做比较，我只拿爸爸的汽车做标准（还忘了说一点，你把螺丝刀插进点火器里就可以启动它，厉害吧）。

佛教大师认为，欲望会带来磨难。拿我在新加坡教过的那个男孩来说，他们家对高消费品的不知餍足极有可能给他们带来一定的痛苦，尤其是在一家之主失去工作或者想要退休时。这也让我想起以前看到过的一张车尾贴纸，滑稽地模仿了《白雪公主》中小矮人的那句著名台词：**“欠债要忍，还债要狠，该去干活喽！”**

理财故事

16岁，我用攒下的钱买了一辆我家最好的车

15岁时，我满心不情愿地坐在父亲的1975年款日产达特桑轿车里，觉得我们开得有点太快了。我俯下身子看车速表，突然发现它竟然早就罢工了。我问，“爸爸，车速表都坏了，你怎么知道自己开得有多快呢？”

父亲让我掀起脚下的汽车脚垫，“卷起来看一看”，他狡黠地笑着说。我赫然发现车底板上有一个拳头大小的洞，可以看到车下面飞速掠过的道路。父亲对我说，“看着脚下的道路，你可以更好地感受速度，既然如此，还要车速表干什么呢？”

第二年，我16岁了。我用在超市打工攒的钱购买了一辆汽车。这是一辆已经使用了6年的1980款本田“思域”二手车，车速表没有任何问题，最让我开心的是，脚底再也不会呼呼生风了！这辆车一跃成为我们家最好的车，我因此觉得自己简直就是时尚代言人。更重要的是，它让我领悟到积累财富的一个重大秘诀：消费观念决定消费习惯。

留着钱生钱，还是变作“负债车”？

其实，即使为了尽可能提高把自己变成有钱人的几率，你也没有必要非开一辆垃圾似的破车。这有什么意思啊？开一辆大多数有钱人开的车怎么样？一方面想变成有钱人，另一方面又把平时一点点积攒起来的钱拿去买宝马、奔驰或者法拉利汽车，这听起来似乎不靠谱。但大多数富人对汽车的品位或许会让你感到意外。2009年，美国百万富翁为购买汽车支付的平均价为31 367美元。因此，在考虑富人对汽车的选择时，可以彻底忘掉宝马、奔驰或者捷豹之类的欧洲高档车。托马斯·斯坦利通过对美国百万富翁的调查发现，他们最青睐的汽车品牌竟然是乏善可陈的丰田。

很多想致富的人，都想在汽车消费方面让身边的人高看一眼，动辄花掉4万美元甚至更多为自己添置一辆豪华轿车，让那些只花31 367美元为自己买车的美国富人相形见绌。但是，如果你买一辆连百万富翁都觉得奢侈的汽车，又怎么能为自己积累财富、减轻财务压力呢？这就如同让奥运会运动员先跑50米，然后再让你去赶超他们。

想象一下，如果你失业了，可能根本就付不起买汽车的钱，或者勉强凑够了这笔钱，但要硬撑着工作到80岁，何必呢？

如果你想赶上百万富翁，就必须从起跑线上开始努力，或尽可能地抢跑。在汽车上就比大多数富人多花一笔钱，对你没有任何好处。

2006年，世界上三大最富有人之一的巴菲特买了一辆价格为55 000美元的凯迪拉克，这是他买的最贵的一辆。美国千万富翁（即个人净资产达到1 000万美元）的最新座驾的平均价格为41 997美元。随便找一个大型汽车卖场转一圈，你会看到许多价格超过41 997美元的汽车，有些汽车的价格甚至比巴菲特的汽车高出许多。但是，你有没有想过，在这些汽车的主人之中，又有多少人拥有1 000万美元的净资产呢？如果你的答案是“或许根本就没有”，那么恭喜你，你正在致富路上迎头赶上来。**在追求财富和实现财务独立的道路上，很多人都会犯一个愚蠢的错误：喜欢营造让自己看上去有钱的幻觉，而不是做一个真正的有钱人。**

你在购买汽车时省下的每一分钱（更不用说你把买汽车的钱存进银行带来的利息了），最终都会变成为你积累财富的投资。

一位身价百万技师的省钱买车经

20岁的时候，我利用暑假在公共汽车调度站找到了一份擦车的兼职工作来赚钱支付大学学费。然而，一个汽车技师给我的启发却远比我在大学里学到的任何东西都宝贵得多。拉斯·佩里就是一个身价百万的技师，他一个人抚养着两个孩子。他的理财头脑让其他技师敬佩不已，他们告诉我：“嗨，如果拉斯和你谈起钱的事情，你可一定要认真听啊。”

有一次，我和拉斯一起值夜班，夜班通常都不会太忙，特别是周末。

于是，我们就有了很多聊天的时间。我的工作很简单，就是擦车、加油以及在每天下班时记录里程表读数。每当拉斯大谈他的理财经和识人术时，只要没事干，我就会时而插上两句恭维话，时而开怀大笑。尽管不能说拉斯的每句话都对，但他的自我陶醉中也有几分道理。

拉斯声称，只要看一眼开什么车，他就知道开车的人有多聪明。他不明白为什么有些人会花一大笔钱购买那些会随着时间而贬值的东西，比如说高档汽车。如果他们的车是租来的，或者是借钱买的，就更让他百思而不得其解了。拉斯坚决认为应该投资于房产和股票等可以随着时间增值的资产。在他看来，任何会贬值的东西，比如汽车，就是负债。

他对我说，“安德鲁，如果你一辈子不在汽车这样的东西上浪费过多的钱,那你将来绝对错不了。”他指着停车场对面在管理部门工作的人说，“看到那个钻进宝马车的人了吗？”

第一天上班的那个晚上，我第一眼看到这辆车时就心生妒意，太漂亮了。“他是两年之前买的这辆车，全新的哟，”拉斯说，“但折旧和贷款利息就已经让他白白丢了 17 000 美元。而且过上 3 年，他或许还得再买一辆。”如果一辆汽车在两年时间里就贬值了这么多，我真不知道它在 3 年之后还能值多少钱?

“如果你确实很有钱,”拉斯说,“在高档商品上随便挥霍一点倒也无妨。但假如你还只是个想要致富的普通人，那么，这样的消费不可能让你成为有钱人，永远也不会。”说这些话的时候，拉斯的语气非常严肃。

拉斯用自己的话诠释了一个至理名言：大多数人都知道车是个耗费钱财的东西，但他们还是想亲自体验来获得自我实现的成就感。他告诉我，只要谨慎一点，其实大可不必在汽车上浪费太多钱，他自己就是一个最好的例子。看来，只有精打细算又深谙其中技巧的人才能做到。但在那个时候，对我这个笨手笨脚、没有任何实践经验的年轻人来说，我不知道这样的道理是否行得通。

拉斯说：“在买汽车的时候，一定要想想转手的价格。”新汽车的大部分贬值都摊在第一年。因此，拉斯建议我不要买新车，最好买一辆已由别人承担了折旧和贬值的二手车。此外，他指出转手时售价最高的是日本车。他建议我找一款低耗油量的车，原装喷漆保持完好，而且轮胎性能和车内装饰一定要好。

按照他的道理，如果能花一个划算的价格买车，而且让车的大部分折旧由别人来承担，那么，在驾驶一两年之后，我还可以按相同的价格转手卖掉，没准还能赚一点点。

理财故事

我购买二手车的故事

为了验证拉斯的理论，我开始去四处看车。我的买车标准是，能让我的荷包承受得起，更不会在我的“金桶”上凿个漏洞。

很快，我就摸到了这个市场的门道。我还阅读了几份介绍二手车市场的消费报告，最有价值的莫过于菲尔·埃德蒙斯顿（Phil Edmonston）每年出版的系列丛书《二手车新手指南》（*Lemon-aid Used Cars*）。有些车型可能确实物有所值，但也有一些可能只会让你破财。

那段时间，我每天早晨都要花几分钟浏览一下当地报纸的二手车专栏，如果发现价位合理而且又感兴趣的车型，我就会认真研究一番。在随后的几年里，我先后买了几辆低耗油量汽车，而且都是耐用可靠的日本车，价格从 1 500 美元到 5 000 美元不等，每辆车都至少能开 12 个月而不需要额外投入一分钱。因为价格本来就很低，因此，转让这些二手车的利润也不算高：每辆车都能赚到 800 至 1 000 美元。

遗憾的是，大部分人都不善于理财，还有很多陷于绝望的人则是在无度挥霍。从他们手里买车再合适不过了。通常，他们都急于出手收回现金，要么是为了升级换代，要么是为了应付即将到期的债务。我从这两种人手里都买过二手车，然后再开个 6 万英里（1 英里约等于 1.6 公里。——译者注），两三年之后还可以按相同价格卖出。

有一次，我就曾用 3 000 美元买到一辆已行驶 12 年的低耗油量日本车。我开着这辆车跑了 4 000 英里，从加拿大的不列颠哥伦比亚省一直南下，到墨西哥州的下加利福尼亚半岛，再到瓜达拉哈拉，然后再返回加拿大。在跑完这趟单程 8 000 英里的旅程之后，我就以 3 500 美元的价格把车卖掉了。利用这些审慎计算的采购数据，然后再用我随后介绍的方法去投资，你就可以把点滴储蓄变成一笔相当可观的小财富。

购买二手车的小技巧

下面这个购买二手车的小窍门，或许可以帮你省下大量钱财和时间。

不妨设想你正身处一家二手车行，通常情况下，卖家不会让你随意游荡，穿着考究的销售员马上会出现在你面前，向你介绍各种品牌和型号的汽车。他们的介绍或许完全出于好意，但是，假如你也像我一样，一旦被对方识破心机就会心跳加速，而担心被识破的顾虑又会让你在不经意间暴露了意图。结果只有一个：落入对方的圈套。

因此，像我这样的小鱼儿，一定要找到有效策略，去抵御那些凶猛饥饿而且老练世故的大鱼。对策如下：

首先，我必须精确锁定自己的目标。2002 年，我想找一辆原漆完好的手动挡日本车。我不想要一辆被重新上过漆的车，因为我还不会识别新油漆掩盖着什么，比如灰尘又或是交通事故造成的损伤。我还要确保汽车行驶里程不超过 8 万英里，而且价格少于 3 000 美元。汽车有多老并不重要，只要保养得当而且没有经历过多次碰撞就可以。

于是，我就像一位神秘的私家侦探，勇敢地深入虎穴：从电话黄页上撕下方圆 20 英里以内我所感兴趣的车行页码，用持枪的姿势握在手里，直截了当地告诉他们我需要怎样的车，对任何不符合我全部标准的车概不关注。

其次，面对那些积极进取而又极具韧性的销售员，我确实寸步不让。但是，回过头给他打一个电话，或许要比面对面地针锋相对简单得多。在电话里，大多数经销商都会告诉我，他们确实有我感兴趣的东西，但价格不可能低于 3 000 美元。有些人试图诱使我走进他们设好的陷阱，说服我考虑其他车型；还有一些人则会说，我的价格底线不切实际。但不管他们怎么说，我从来不为所动。

我的策略就是紧握两种武器：一种是决斗的宝剑，直插敌人心脏；另一种就是电话，它是我最值得信赖的盾牌，任何当面无法说出口的话，都可以在电话里说。但我也不是没有一点骑士风范，因为我知道最终可能还要放下架子，给对方打电话。

由于第一轮电话咨询工作没有效果，于是，我在接近月底时再次给经销商打了一个电话。我希望销售员正在为如何完成当月任务而焦虑不安。运气很好，有一对年迈夫妇刚刚将一辆跑了 3 万英里的丰田“Tercel”卖给车行作为折价之用。这辆丰田汽车既没有清洗，也没有经过检修，不过，经销商同意按 3 000 美元的价格尽快脱手。

实际上，这样的策略并不仅限于 3 000 美元价格的采购。这个方法对任何品牌或是任何车型都是最省时间的。更重要的是，**你可以把省下的钱用于投资致富。**

还得起翻倍房贷利率时再买房

大多数人都已知道，购置高档汽车会延缓你的致富进程。但 2008—2009 年的全球金融危机给我们在房产方面也提供了一些重要教训。

有志于致富的人要牢记的教训之一：银行绝对不是他们的挚友，他们的责任只不过是为股东创造财富。因此，银行往往会聘用一些极具说服力和亲和力的销售人员，他们巧舌如簧极具说服力，为的就是让你购买差劲的投资理财产品，或是把抵押贷款说得天花乱坠，让贷款利息把你彻底变成房奴。

那么，到底是什么导致了 2008—2009 年的全球金融危机呢？一方面是贪婪的银行，他们永远都不会为了顾客的最大利益而出力；另一方面则是无知的购房者，他们购买了自己根本无力支付的房子。

在房地产市场一片欣欣向荣之际，购房者买下自己其实无力支付的房子，而当原本极端诱人的低利率开始上涨时，他们就没有办法还贷了。结果可想而知，很多人在此时被迫卖掉房产，这就造成了房地产市场的供给过剩。不管是什么东西，只要出现过剩，人们就不愿意按原价购买了，房产也不例外。

但银行已经把这些按揭贷款转手卖给分布在世界各地的其他金融机构。当抵押的最初持有者（即购房者）不能继续偿还贷款本息时，金融机构就会凭借抵押效力而占有这些房产，不过，此时已经形成了巨额损失，因为房产价格已经一泻千里。

此外，银行还会把这些贷款打成资产包，出售给其他全球性金融机构。在房产所有者无力还贷时，购买这些贷款包的金融机构就上当了，因为贷款收不回来了。一时间，很多国际顶级金融机构纷纷陷入财政危机。随着可发放贷款的金融资源不断萎缩，银行开始无力为其他企业提供足够的贷款，而这又导致企业在日常经营中出现资金断链现象。于是，这个滚雪球效应最终酿成了一场全球性经济衰退和大规模裁员。因此，千万不要相信那些把房产抵押贷款说得天花乱坠的人。抵押贷款的后果有可能不堪设想。

这让我想起妈妈以前给我的一个警告。当时，因为要购置海滩土地，我第一次准备接触抵押贷款。妈妈问我："如果贷款利息增加一倍，你还能还得起吗？"按照那笔抵押贷款约定的条款，银行向我收取的年利率为 7%。妈妈在那个时候就知道，7% 是史上最低利率，尤其和 20 世纪七八十年代相比更是如此。按照她的说法，如果我无力支付双倍的，即 14% 的利率，那么，不断增长的利息就会让我破产。我险些成为那个退潮后被发现是裸泳的倒霉蛋。

如果你不想让自己的房产被银行剥夺，我妈妈的意见绝对是值得认真思考的经验之谈。假如你正在考虑购置一栋房产，先算一算如果利率翻倍自己还能不能还得起。如果还可以承受，那就去买房吧。

养成“负责任”的消费习惯

中国有一句古话，“富不过三代”。第一代积累财富，第二代守护财富，第三代则把它挥霍一空。美国学者的研究也表明，大多数千万富翁的财富并不是来自继承，这些接受调查的富翁中，超过 80% 的人属于白手起家。

在新加坡私立学校任教时，我发现大多数外籍学生都来自于富庶家庭。我曾半开玩笑地告诉这些学生，他们是创业守业链上最容易造成家业败落一代。每个父母都希望帮助自己的孩子，但中国人早在几千年之前就已经知道，把钱财留给那些还没学会赚钱的孩子会发生什么：这些钱财必定被他们挥霍殆尽。

在托马斯·斯坦利的经典之作《下一个百万富翁就是你》(*The Millionaire Next Door*) 一书中，作者告诉我们，当成年子女从父母那里拿到“资助性”财产，比如股票、现金或不动产时，最终积攒下来的财富通常会低于那些收入相当但却完全自食其力的人。

很多父母似乎很难接受这样的理念。在他们看来，把钱财留给自己的孩子，就相当于让他们刚一起步就有了一个强大的助跑器。但从统计学上说，来得容易的钱浪费得也多。

斯坦利对拥有高等教育背景的四五十岁人群进行了一次广泛的调查，并按职业对他们进行了分类。之后，他再把这些人划分为两组：一组接受过父母的资助，另一组则没有。资助的手段包括赠予现金、协助子女还贷、购置汽车或是直接帮助交房产首付。

他最终发现，在收入最高峰阶段，接受父母帮助者拥有的财产更有可能少于未接受任何资助者。也就是说，接受财产施予阻碍了他们独立创造财富的能力。

例如，那些曾接受过父母资助的会计师，他们的平均财产拥有量比未接受过资助的会计师少了43%。与此形成鲜明对比的是，在接受了财务资助之后，唯一变得更富有的两个职业群体就是学校教师和大学教授。

我父亲是一名机械技师，我是他凭借工资养大的4个孩子之一，因此，在我的成长过程中，我们根本就没有多少钱可以花费，更不用说挥霍。从15岁开始，我自己赚钱买衣服。16岁，我就用在超市兼职打工赚来的钱给自己买了一辆汽车。我不得不自食其力，但工作并没有给我带来快乐。和大多数孩子一样，我更喜欢在海滩上闲逛。

因此，对我而言，钱的含义就等同于工作。即便我看到自己中意的东西售价“仅仅”为10美元时，我也要问问自己，为了赚到这10美元，我是不是愿意到超市去拖地板，或是把50英镑的马铃薯袋子摆到货架上。如果答案是否定的，那么我就不会买。我从来没有接受过“不劳而获”的钱财，这让我养成了一种“负责任”的消费习惯。

今天，我和妻子的生活衣食无忧。我们不仅拥有一辆高档奔驰汽车，还有一辆经济实用的马自达。我们可以无所顾虑地周游列国，已经去过25个国家。我们住的是自有产权的豪华公寓，配有大型游泳池、宽敞的庭院、网球场和健身房。我们喜欢按摩，每年52个星期都可以享受到按摩服务。只要经营好现有财产，接下来的40年我们都能继续享受下去。

我们之所以能有今天，源自我早年对负债的极端厌恶。我对负债憎恨无比。大多数人可能会觉得这太偏执，但对我来说，**欠钱就像是在和魔鬼做交易**。只要提起负债，我总会想到那些最糟糕的画面，我会不由自主地担心，一旦失业而无法还债时会发生什么。

我并不是要让梦想提前退休的年轻人们都像我在二十几岁时那样去生活。但是，把负债视为危及生命的传染病，绝对符合我的财富观。下面这个故事是我的亲身经历，你是若有所悟也好，大呼上当也罢，我认为至少能让你开怀一笑。

理财故事

一个“前守财奴”的自白

大学毕业几个月之后，我到一所学校教授7年级课程。那时，我盘算的就是凭着低房租和低生活成本还清自己的学生贷款。这听起来似乎是一个不错的主意，但即便是大城市里的乞丐，也会在我的极端简约主义面前甘拜下风，为我哭泣，向我致敬。

马铃薯、意大利面条和蛤蜊就是我所能找到的最便宜的“美食”。蛤蜊可以提供大量的纯蛋白质。于是，我就和一个叫奥斯卡的家伙，拎着篮子在沙滩上四处闲逛，我们每次都能收获一大堆蛤蜊。奥斯卡总能把这些拾获物变成美味佳肴，但我的做法就比较简单了：用微波炉烘烤马铃薯，或用水煮熟意大利面，把蛤蜊一股脑地扔进去，再加一点橄榄油。瞧瞧，这就是不到1美元的晚餐！只要最初几天你适应了这么清淡寡味的饭菜，就没什么大不了的了。日复一日地吃如此乏味的东西，和吃狗食似乎没什么区别。不过，每月只花掉工资的30%，也确实让我的负担不断缓解，因为我可以用70%的工资偿还负债。

与室友分担房租也能削减生活成本。但我根本就不想支付房租，于是，我开始寻找那些为躲避冬日寒冷而去南方度假的人，看看他们是不是想找人看房子。

住在不用花钱的房子里，不管冬天多么寒冷逼人，我都不会打开加热器。为了控制成本，我把所有的衣服层层套在身上，在屋子里踱来踱去，而窗外正是大雪纷飞。如果房间里有壁炉的话，那当然是求之不得了。夜里，我会把火烧得旺旺的，裹个毯子在壁炉旁边睡觉。待早晨醒来，炉火早已熄灭，我经常能看到自己呼出的白气。

12月的某一天，父亲因公务进城，于是，我邀请他与我同住。尽管我们的聚会一如既往充满快乐，但当我告诉他“爸爸，我不打算开加热器了”时，他突然一反常态地沉默了。我想的是，在寒冷刺骨的房间里，深夜拥着炉火相互偎依，或许是父子之间最温情的时刻。但他肯定不是这样认为的。于是，在第二次进城的时候，他选择了一个人住进酒店。

由于对独处的自由情有独钟，我最终租了一间地下室，每月房租才350美元。但低房租同样也会带来很多不便。在这段时间里，我每天为了上班而不得不长途跋涉——从公寓到学校足足有35英里的征程。

假如我当初再聪明一点，完全可以开车上下班，那段日子也就不至于那么不堪回首了。当时，我有一辆破烂不堪、已经开了20年的大众汽车，是花1 200美元买的（两年之后，我以1 800美元的价格卖掉了它），但我舍不得为这段往返70英里的路程支付油费。于是……我只好骑自行车了。

每天骑着一辆破旧的山地车顶风冒雨飞奔70英里上下班，也给我带来了在致富之路上笨鸟先飞的优势。我在那时已经有了自己的投资组合，足以让我用现金全款购买一辆全新的运动跑车，也可以租一套海滩公寓，问题是我不想这么做。但和我一起共事的人，肯定以为我早就破产了。

有一天下班回家时，我在加油站遇到了一位同事。我们都是去加油的，但我买的是食用油。就在我跨上自行车准备开路时，她跑上来，把一块叫“能量棒”的运动员食品塞进我的嘴里，充满怜悯地说：“安德鲁，我们真应该在学校里帮你捐点东西啊！”如果我以为她是在开玩笑的话，我肯定会捧腹大笑。可惜我真的笑不出来。

过了一段时间之后，连我自己也觉得这样的生活方式有点太极端了。为了让生活轻松一点，我决定搬到一个离学校稍近点的地方，于是，我在当地报纸上刊登了一份小广告：“教师求租房，月租不超过450美元。”尽管这样的房租远远低于正常水平，但我还是用这份广告表明了自己的身份：我不仅有工作，而且是负责的。透露身份还有一样好处，那些想找个信得过的房客的人或许也会被吸引过来。

我只接到了两个电话，好在其中的一个还算中意，于是，我别无选择地接受了。

因为我从 19 岁起就开始投资，因此，我已经拥有了一枚不断长大的金蛋。但我丝毫没有卖掉一部分投资去偿还助学贷款的想法。我把扣除生活成本之后的全部收入都用来偿还贷款。在从事这项全职工作的一年之后，我终于还清了债务，这一年的日子简直与苦行僧无异。之后，我开始信心百倍、满腔热情地用全部剩余收入进行投资。

在还清助学贷款的 6 年后，我在海边买下一处房产，此时，我又开始盘算着如何尽早清偿这笔抵押贷款。为了提高还款的灵活性，我甚至接受了更高的利率。

在还清这笔抵押贷款之后，我马上将余钱再次转向投资。

不得不承认的是，很少人会像我这样仇视负债。不过，那种无债一身轻的感觉是无法言喻的。千万不要误解我的意思。我的这段理财历史并不是想为年轻人杜撰一份新手致富手册。在那个时代，它给我带来的是欢乐，但现在对我来说却是另一番滋味。距此多年以后嫁给我的妻子也承认，那样的经历对她毫无吸引力，永远也不会给她一点点期待。我想说的是，**如果你想致富，那么，节俭一点肯定会让你的成功概率更大一点，尤其是在你还年轻的时候，勤俭节约就更重要了。**

像富翁那样花钱，你也可以成为富翁

负责任的消费习惯总是被那些想致富的人置若罔闻。这也是很多接近退休年龄的人在本该周游世界或是与子孙共享天伦之乐的时候还不得不工作的原因之一。自然，并非每个人都拥有相同的工作理念，但有多少人会在临终之前哀叹悲鸣 ："老天爷呀，我真希望我把更多的时间都花在工作上了啊！"或是"天哪，我真希望他们在 2015 年就提拔了我呀。"

大多数人都更喜欢自己的兴趣爱好而不是工作，更喜欢孩子而不是商务手机，更看重安静思考的时刻而不是嘈杂混乱的会议室。我当然也不例外，而正是出于这个原因，我才学会了控制花销将节省下来的钱用于投资。

假如你是个年轻人，在看到别人拿着价格不菲的最新款玩具时，你或许会想，他们是怎样得到这些玩具的。其中很多东西或许就是用信用卡购买的，而随之而来的往往就是无数个不眠之夜。在他们当中，很多人永远都不会真正致富，相反，他们或许始终要生活在压力之下。

通过学习怎样像富人那样去花钱，你终会拥有财富及其他物质财产而远离焦虑。但你也不必像穷人那样去生活。运用我即将与各位分享的投资规则，你就可以做到事半功倍 ：**花别人一半的钱去投资，承担更低的风险，就能得到两倍于他人的财富**。继续看下去，你就会知晓其中的奥秘。

你掌握“致富黄金法则一”了吗?

1. 什么是“致富黄金法则一”?

◆ 想要致富，先“会”花钱。

◆ 积累财富的一个重大秘诀：消费观念决定消费习惯。

◆ 在学习投资积累财富之前，我们首先要学习如何攒钱。

通过学习怎样像富人那样去花钱，你终会拥有财富及其他物质财产而远离焦虑。

不管一个人的工资薪水有多高，如果他们不能在失业时依旧活得滋润惬意，那只能说明他并非真的有钱。

如果我们想凭借中低收入者的薪水致富，那么，我们就不能做一个平庸的投资者。我们必须彻底摈弃使很多人吃亏的那些消费习惯。

2. 怎么运用“致富黄金法则一”?

◆ 首先要学会量入为出，就是少花多赚，而且花的要比赚的少得多，将省下来的钱用于理性有效的投资。

◆ 攒钱买东西，而不是以信用卡购买。

◆ 投资房产和股票等可以随着时间增值的资产，而不是投资负债，任何会贬值的东西，比如汽车。

◆ 授子以财，不如授子理财，不要把财富直接留给孩子。

想变成有钱人，我们就必须有一个目标明确的计划：学会控制花销。只有安排好我们的开销，我们才有钱可以投资。

世界上最富有的三个人之一沃伦·巴菲特买了一辆价格为 55 000 美元的凯迪拉克，这是他买过的车里最贵的一辆。

每个父母都希望帮助自己的孩子，但“富不过三代”，把钱财留给那些还没学会赚钱的孩子会发生什么：这些钱财必定被他们挥霍殆尽。

3. 为什么要掌握“致富黄金法则一”？

◆ 致富的关键点并不在于你赚了多少钱：而在于你如何支配你的收入。

◆ 在追求财富和实现财政独立的道路上，很多人都会犯一个愚蠢的错误：喜欢营造让自己看上去有钱的幻觉，而不是做一个真正的有钱人。

◆ 接受财产施予阻碍了孩子们独立创造财富的能力。

60% 的 NBA 退役球员在失去作为 NBA 球员的可观收入后 5 年内即宣告破产。怎么会出现这样的情况呢？大多数 NBA 球员的理财意识极差，甚至根本就没有。

负责任的消费习惯总是被那些想致富的人置若罔闻。但学会了控制花销，才能迈出致富最关键的一步。

把钱财留给孩子，似乎让他们刚一起步就有了一个强大的助跑器。但来得容易的钱浪费得也多。研究也表明，大多数千万富翁的财富并不是来自继承，超过 80% 的人属于白手起家。

MILLIONAIRE TEACHER

致富黄金法则二

复利：攒钱要狠，投资要早，时间要久

为什么一个捡废品的小姑娘，每月只投资 300 元，收益竟远远超过投资银行精英每月投资 5 000 元？

入市 20 年，股市几度浮沉，资产仍然翻 7 倍。复利是怎样发挥魔法作用的？

世上最高的税后收益率竟然是还清信用卡负债？

3 个月存款翻 2 倍，他是怎么实现的？

Use the Greatest Investment Ally You Have

在传统的数学课上，老师教的很多东西……嗯，怎么说呢？用外交辞令来说应该是："不太可能影响到我们的日常生活。"当然，学习二元方程式及其他抽象概念或许可以让古怪的工程专业学生兴致盎然，但实话实说，极少有人能从二元方程式里得到什么启发。

在全世界数学老师的眼里，或许我都是个不折不扣的"差生"。不过我想，大多数人对二元方程式或称二阶多项式的认识不会多过对"内嵌脚趾甲"的了解，而且对某些人来说两者同样痛苦。不过，在数学教科书枯燥乏味的公式和推理中，也隐藏着一个意义非凡的知识：神奇的复利计算。巴菲特就是利用复利成了亿万富翁。更重要的是，你也能做到，而且我还可以告诉你怎么做。

巴菲特一直在与微软董事长比尔·盖茨争夺"世界首富"这个头衔。他从不在物质方面乱花钱，他的生活就是百万富翁的典型写照，而且从小便深谙投资之道。巴菲特 11 岁的时候买了第一只股票，可这位数十亿万富翁居然还打趣说自己出道太晚。

从小就开始学习理财是我们能送给自己的最好礼物。尽早开始并按我的方式妥善投资，你就奠定了财富的基石。而且，你每年只需 60 分钟进行投资管理，就可以优哉游哉地坐享财富了。

巴菲特曾说过一句著名的俏皮话："准备最重要。诺亚可不是等到下雨时才开始制造方舟的。"

大多数人都知道《圣经》中“诺亚方舟”的故事。上帝让诺亚制造一艘方舟搭救各种动物，等到洪水来临时，他们好乘着方舟去寻找新的天地。这些动物很幸运，诺亚马上就开始动手建造，丝毫没有怠慢拖延，并在大洪水来临前做好了方舟。

不过，我们也可以假设诺亚没有像故事里那样做。这个家伙或许在本性上与你我毫无区别，虽然上帝让他对洪水即将到来的秘密守口如瓶，他却未必做得到。他毕竟也是人嘛。于是，我们想象他晃晃悠悠地进了一家酒吧，喝了几瓶相当于现在的“百威”啤酒一样的佳酿，便借着微醉告诉朋友：“嗨，听着，上帝说洪水就要来了，我得建造一艘方舟，一旦陆地被淹没，我就得驾着方舟逃命去。”他那些朋友或许会以为，这个诺亚肯定是误食了某种能麻醉人的植物，以至于满嘴胡话，他们或许会把这当做一个疯狂的故事。

但肯定会有人相信他。尽管诺亚的洪水故事听起来有点像天方夜谭，但至少会启发他的某个朋友去建造一艘自己的方舟，或者至少是一艘像样的船。

尽管最初的意愿很美好，但这个人显然没抽出时间去做这件事。或许，他打算先赚足购买原材料的钱，或许他还想验证一下诺亚的醉话是否属实，看看会不会阴天打雷，是否有下雨的迹象。英国自然学家查尔斯·达尔文或许会把这种拖延称为“自然选择”。不用说，这家伙不是被选上的那个人。

建造诺亚方舟要趁早，投资也要趁早，这就是巴菲特的“诺亚原则”。换句话说，**要最大程度增加在股票和债券市场上赚钱的机会，最好的办法就是从现在开始**。

希望你那些喜欢拖延的朋友不会遭遇诺亚朋友的命运，但不管怎么说，当洪水来临时，你的方舟已经扬帆远行，还有一些人在顶着暴雨手忙脚乱地组装自己的救命船。

尽早开始不只意味着要先他人一步，还要懂得利用“复利魔法”。如果你悠然自得地慢慢航行，你的朋友们会开着赛艇迅速追来。但是凭借阿尔伯特·爱因斯坦所描述的那种比原子裂变还要强大的力量，他们永远也不可能追上你。

在莎士比亚的戏剧《哈姆雷特》中，主人公对他的朋友说："天地之间有许多事情，是你的睿智所无法想象的。"

哈姆雷特说的是幽灵，而爱因斯坦说的则是神奇的复利规律。

利用复利，让钱加速倍增

复利这个概念听起来似乎有点深奥，但其实非常简单。

如果投资100美元每年可以收取10%的利息，那么我们知道，一年之后，这100美元就可以赚到10美元，变成了110美元。

第二年，你可以用手里的这110美元重新开始投资，如果这笔钱继续增值10%，那么，它在第二年结束时就可以赚到11美元，变成了121美元。

第三年，你用121美元继续投资，还是按10%获得利息，那么，它在第三年结束时就能赚12.10美元，你的本钱就变成了133.10美元。

让这个雪球继续滚下去。看看最初100美元的投资按每年10%的利息递增，最后会变成多少钱。

100美元本金，每年按10%获得复利，那么：

- 5年之后变成161.05美元
- 10年之后变成259.37美元
- 15年之后变成417.72美元
- 20年之后变成672.74美元
- 30年之后变成1 744.94美元
- 40年之后变成4 525.92美元
- 50年之后变成11 739.08美元
- 70年之后变成78 974.69美元
- 80年之后变成204 840.02美元

◆ 100 年之后变成 1 378 061.23 美元

后面那些较长期限的情况看上去似乎不太现实。不过，你用不着成为《暮光之城》里那些长生不老的吸血鬼，也一样能享受到复利的回报。比如说，一个像我一样从 19 岁开始投资的人，如果能一直活到 90 岁（我就是这么希望的），那么，他就可以享受 71 年的市场复利收益。当然，他在这个过程中多少还是要花掉一部分的，但假如还想活到 100 岁，那么他肯定还是要留下相当一部分用来收获复利。

无论 18 岁还是 50 岁，赶快开始投资吧！

不管是汽车按揭贷款还是信用卡贷款，只要把这些高息贷款还清，你就可以开始实践巴菲特的“诺亚原则”了。越早开始，获利越大。假如你现在刚好 18 岁，那就从现在开始。假如你已经 50 岁，而且还没有开始，那除了现在开始之外，你别无机会。毕竟，你以后再也不会比现在更年轻了。

如果你的钱还没有变成高档汽车、最新款的高科技玩具或是信用卡购物（前提是你已经还清了信用卡负债），而且你又不缺少耐心，那就可以把它们放在股市里享受神奇复利的成果。你的钱在股市里投资的时间越长，风险也就越小。

我们都知道，股市会跌宕起伏，它们甚至可以连续下跌很多年。但是在过去的 90 年里，美国股市依然实现了超过 9% 的年收益率。这期间自然也包括 1929 年的“大萧条”、1973—1974 年的石油危机、1984 年以及 2008—2009 年的全球金融危机。

宾夕法尼亚大学沃顿商学院金融学教授杰里米·西格尔（Jeremy Siegel）在《股市长线法宝》(*Stocks for the Long Run*) 一书中指出，美国这样的主流股市实现了显著长期回报，但并非个例。尽管英国在全球地位日渐衰微，但其股市在 1926 年以来的回报率却与美国股市极为接近。

与此同时，即便遭遇了两次几乎毁灭世界的战争，德国股市的长期收益能力也没受到破坏，其表现居然丝毫不亚于美国股市。

我并不是建议你或企图帮助你评判各国股市孰优孰劣。虽然有些国家的股市注定优于其他国家，但是，我们没有神奇的魔法水晶球，不可能未卜先知。相反，为了确保投资的最大成功，最好的办法显然是了解全球各国的股市。尽早投资，你就能享受到复利所带来的财富加速倍增的成果。总之，投资要趁早，越早越好。下面的问题会告诉我们，尽早投资的“诺亚原则”到底有多大的力量：

- 你是愿意投资 32 400 美元，把它变成 1 050 180 美元？
- 还是投资 240 000 美元，把它变成 813 128 美元？

当然，这是一个极端愚蠢的问题，任何一个一息尚存的人都会选择第一项。但由于大多数人并没有接受过扎实的理财教育，因此，即使只能实现第二点也算相当不错了，更何况第一点呢。

如果你认识某个年轻人，你的见识肯定会让他受益无穷。他们可以轻而易举地把 32 400 美元变成 100 多万美元。但千万不要把钱直接给他们，因为这只会削弱他们的理财能力。让他们自己去赚钱，这也是你唯一能帮助他们做的事情。

理财故事

每月投资 45 元比投资 800 元赚得更多？

5 岁的女孩斯塔尔是妈妈奥托姆带大的，她们生活在波西米亚的一个小岛上。这里的人民自给自足，无论男女都不用剃刀刮毛，即使满身臭汗也能泰然处之，虽然原始落后，却也怡然自得。

尽管这听起来相当诱人（尤其是在人头攒动的集市上，那味儿可真是绝了！），但不幸的是，这里绝非天堂。岛上居民和当地人都喜欢把空易拉罐扔进排水沟里。奥托姆告诉斯塔尔，收集这些铝罐后回收利用，不仅有利于保护环境，还能让她成为百万富翁。

奥托姆带着斯塔尔来到当地的垃圾场，在这里，斯塔尔捡拾铝罐和玻璃瓶，然后将它们卖掉，这样，她平均每天可以赚到 1.45 美元。尽管奥托姆有一颗波西米亚人的心，但她绝非一个乡下土包子，她还说服斯塔尔将回收铝罐赚到 1.45 美元用于投资，这样就可以让女儿成为百万富翁。

奥托姆把每天赚到的 1.45 美元投资于美国股市，每年赚到 9% 的平均回报（这还略低于过去 90 年股市的平均年收益率呢）。

此外，她还在别的方面比其他母亲棋高一着：如果教斯塔尔学会节约，女儿同样能变成一个理财高手。但是，必须让女儿自己学会赚钱，而不是把金钱作为“礼物”送给斯塔尔，因为那样做的话，女儿或许会变成一个理财弱智。

把时间往前快进 20 年。现在斯塔尔已经 25 岁了，尽管已经不在垃圾场捡铝罐，她母亲还是坚持让她每月上交 45 美元，相当于每天 1.45 美元左右。奥托姆继续把斯塔尔的钱用于投资，而斯塔尔则在当地农贸市场叫卖自制的“捕梦网”。

而斯塔尔最好的朋友露西则住在纽约市，就职于一家投资银行。（我知道，你肯定会问这两个人怎么会有瓜葛，我承认，这纯粹是我胡编的故事。）露西过的是“优质”的生活，出则宝马汽车，吃则高档餐馆，余下的收入就买买衣服，看看演出，或者花在昂贵的高档皮鞋和炫目的珠宝首饰上。

到 40 岁的时候，露西开始每月储蓄 800 美元，而且还常常通过电子邮件对斯塔尔每月只投资 45 美元的做法指手画脚。

斯塔尔起初并不想吹嘘，但日子久了，她觉得自己实在需要给露西一点颜色瞧瞧。

于是她回了一封邮件：“露西，在理财方面遇到问题的是你，不是我。你现在每月用于投资的钱确实比我多，但如果你想在退休时和我一样有钱，每月只投资800美元可是远远不够的。”

这封邮件让露西有点摸不着头脑，她觉得，斯塔尔肯定是吃了波西米亚特有的迷幻蘑菇，否则绝不会这样胡言乱语。

25年之后，两个女人都65岁了，于是，她们决定一起到墨西哥的查帕拉湖（Lake Chapala）边租一套退休公寓，在那里，她们的钱足够花上一段时间。

斯塔尔问露西：“你按我的建议每月多投资一点钱了吗？”

露西不以为然地回答：“一个每月只投资45美元的人的建议可信度有多高？”

“可是露西，你忽视了‘诺亚原则’。尽管你每月的投资额比我多得多，但最后赚到的钱肯定要比我少得多，因为你开始得太晚了。”

需要说明一点，两位女士在股市上的收益率是相同的。有些年她们都赚钱，有些年都赔钱，但是从总体来看，她们都实现了9%的年均收益率。图2.1表明，由于斯塔尔开始投资的时间更早，因此，她的投资总金额可以达到32 400美元，并能把这笔钱变成100多万美元。而露西尽管

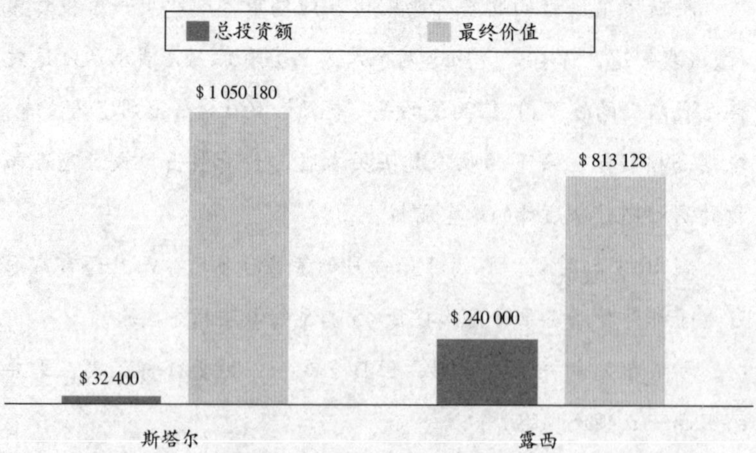

图2.1　投资较少，赚得更多

每月的投资额足足比斯塔尔多了 8 倍，但因为开始得较晚，所以，最终的收入还是比斯塔尔少了 237 052 美元。

我直到 19 岁时才开始投资。所以说，斯塔尔比我“下手”早多了。但我还是比大多数人早了一点，因此，我还是有更多时间让“诺亚原则”在我身上制造奇迹。1990—2011 年，我一直把自己的钱投资于美国及全球股市，并实现了超过 10% 的年均收益率。我在 1990 年放在股市里的钱，到现在已经比最初翻了 7 倍。

当我向年轻父母讲解复利的神奇力量时，他们往往会受到启发，留出更多的钱为孩子的将来未雨绸缪。但是为孩子“留出”钱与激励孩子自己去赚钱、节约和投资是绝对不同的。

给孩子钱只能助长他们的软弱和依赖。而向孩子传授理财技能，并为他们的奋斗喝彩，则有助于促进孩子增强力量、独立性和自豪感。

先投资后消费，才能滚出第 N 桶金

理财有道的家庭肯定对自己的生活成本一清二楚。而记录开支，通常会带来两个好处：**其一，只要把握了自己的当月花销，你就清楚有多少钱可以用来投资；其二，它还可以让你为每一笔开支负责，这显然会鼓励大多数人厉行节约，遏制消费。**

下一个步骤是要精确计算你平均每个月能拿到的报酬。

从月收入中扣除每月的平均开销，就能得到每个月可用于投资的金额。不要等到月底再去投资，而是应该在拿到薪水那天就把这笔余钱转存进你的投资账户。否则，到了月底的时候，你永远都不会有足够的余钱（只需彻夜狂欢几个晚上）去贯彻自己的理财计划。

在结婚之前，我妻子就犯过这样的错误：只在每月底或每年底把账户里剩的那点儿钱拿去投资，管它是多还是少。后来，她开始转变思路，在拿到薪水那天，就自觉自愿地把一笔钱转入投资账户，结果，她用于投资的钱比以前足足多出一倍。

理财故事

记账3个月，存款翻2倍

2005年，我和一对同为教师的夫妇共进晚餐，席间，我们提到了储蓄的话题。他们想知道为将来退休存多少钱合适。和那些享有退休金的公立教师不一样，这两位朋友和我算是难兄难弟：作为私立学校教师，我们必须要为退休后的生计打算。

我随便说出一个我认为他们每个月应省下来的最低数字。但这居然是他们目前每月积蓄的两倍。

那位女士朱莉认为这个数字努努力是可以达到的，她丈夫汤姆则认为这极不靠谱。于是，我让他们做下面这几件事：

写下近3个月需要花钱购买的所有物品，包括食品、抵押贷款、汽车加油费和健康保险。3个月快过完时，算出每个月的平均花费。

在另一次聚会上，两位朋友把他们的结果告诉了我，这让他们自己都大为震惊。朱莉对自己在外出吃饭、买衣服以及购买星巴克咖啡等零碎物品上的花销感到有点不可思议；汤姆则觉得他与朋友外出打高尔夫球时在俱乐部酒吧喝啤酒花掉的钱实在太多了。

在随后的3个月，两个人逐渐觉醒了。掏出塞在钱包里的购物发票，每天晚上把当日花销记录下来，这让他们意识到自己正过着怎样挥霍浪费的生活。正像汤姆说的那样："我知道，我必须要在每天晚上记录开支，将它当做可衡量的标准。于是，我变得不那么乱花钱了。"

一年之后，他们用于投资的金额就翻了一倍。两年之后，我们再次聚会，得知他们的投资款已经达到最初的3倍了。两个人都不约而同地说："我们以前从来不知道每月的钱都花到哪儿去了。尽管感觉到现在的生活与3年之前没什么区别，但我们投资账户的存款不会撒谎。我们的储蓄已经增加了2倍。"

记录每月开支一段时间之后，你或许就没必要再一点一滴地记下花掉的每一分钱。你会自然而然地养成一种健康的消费习惯，所有闲钱都会自动转入你的投资账户。于是，你会看到，这个投资账户正随着时间的推移在日益增长。

还有另一个小秘诀。经过几年之后，你的薪水极有可能会增加。如果你的工资在某年增加了 1 000 美元，你至少应该把其中的一半转入投资账户，然后把剩余资金当做特殊用途备用金存入另一个专用账户。这样，你就可以因为这次加薪而获得双倍报酬。

还清信用卡负债 = 获得最高税后收益率

在盘算有多少钱可以用于储蓄和投资之前，有一个非常重要的问题需要先弄明白。你还要为信用卡支付利息吗？如果需要的话，那你的投资就没有任何意义了。

大多数信用卡每年都要收取 18% ~ 24% 的利息。如果不能每月按时全额还清信用卡欠款，你最亲爱的信用卡公司（你永远拿得起放不下的朋友）就会像静脉抽血那样，一点一滴地把你的钱吮干吸净。即便是一个五年级的小学生也知道，一边指望通过投资带来 10% 的收益率，一边却要为信用卡负债支付 18% 的利息，这无异于穿着衣服在大浴缸里泡个凡士林浴，然后站在公交车顶上迎着寒风回家。

因此，还清信用卡负债，就相当于获得 18% 的免税收益。这世上恐怕没有什么投资能给你带来这么高的税后收益率了。

如果任何理财顾问、广告公司或是投资机构向你承诺 18% 的年收益率，想想臭名昭著的美国金融家伯纳德·麦道夫（Bernie Madoff，纳斯达克股票市场公司前董事会主席，世界金融史上最大的金融欺诈案主犯。——译者注），然后赶紧逃得远远的。

没有任何人能保证如此之高的收益率。当然，除了信用卡公司。他们每年可以从你身上赚到 18% ~ 20% 的收益率（前提是你还欠他们钱），但绝不会让你赚钱。

股市不相信眼泪，但相信时间

你也许会感到困惑，我是怎样在 20 年的股市沉浮中，实现 10% 的年均回报率呢？中间确实有几年，我投资的股票市值低于投资成本，但也有很多年份，我的投资收益率远远超过 10%。

那么，这些钱到底是哪来的呢？它们又是怎样创造出来的呢？我们不妨想想罗尔德·达尔（Roald Dahl）在经典小说《查理和巧克力工厂》（*Charlie and the Chocolate Factory*）中塑造的威利·旺卡（Willy Wonka），他的起点就是一家小小的巧克力店。

理财故事

巧克力工厂变身股票那些事

威利有一个宏大的梦想，那就是做出不会融化的冰激凌、不会失去味道的口香糖和连魔鬼都会为之出卖灵魂的巧克力。

但威利却没有足够的钱用于扩大生产。要实现这个目标，他还需要购置一座大厂房，雇用更多的小侏儒工人，购买可以更快生产巧克力的机器。

于是，威利找人与纽约证券交易所接洽。实际上，在他自己都还是不知不觉的情况下，就已经有人开始投资于他的巧克力工厂了。这些人购买工厂的一部分生意，其实就是“股份”或者“股票”。尽管威利已经不再是工厂的唯一老板，但是通过出售股份，他可以用股东投入的资金建造更大、更有效益的工厂。由于生产效率提高，工厂的利润也开始迅速增加。

现在，威利的公司已经成为“公众的”公司，这意味着，股份持有者可以把他们持有的股份转手卖给其他人。当一个公司公开发行在股市上流通交易的股票时，这一活动对公司经营带来的影响几乎可以忽略不计。这样，威利就可以专心致志地做好自己最擅长的事情：制造巧克力。另一方面，股东也不会给他添麻烦，因为在通常情况下，少数股东不会给公司的日常经营活动带来什么影响。

威利的巧克力实在是够神奇的。更让股东高兴的是，威利的巧克力在市场上卖得越来越多。但股东们需要的不仅仅是纽约证交所的一张纸，或是拥有当地经纪公司的股份证明。他们想分享巧克力工厂创造的经营利润。这也很正常，因为从严格意义上来说，股东们毕竟也是工厂的所有者。

于是，由股东选举产生的公司董事会决定将每年利润的一定比例送给股东，也就是股息。听到这个消息，大家都很高兴。这个过程是这样的：威利的工厂每年销售价值 10 万美元的巧克力和其他商品。在缴纳了所得税、支付了雇员工资和设备维护成本之后，他的巧克力工厂实现了 1 万美元的净利润，因此，公司董事会决定从中拿出 5 000 美元，在分配给各大股东。这部分分配给股东的利润就是股息。

剩余的 5 000 美元将重新投入企业经营。这样，威利就可以购买更大、更先进的设备，将他的巧克力推广到更远、更广的地方。总之，工厂生产巧克力的效率更高，创造的利润也更多。

这些用于再投资的利润让威利的企业更赚钱。于是在第二年，巧克力工厂的利润翻倍，达到 2 万美元，分到股东手里的股息也水涨船高。

这难免会让其他潜在投资者垂涎三尺，于是他们也买进巧克力工厂的股票。现在，想买进股票的人比想卖出股票的人多，这就形成市场对这只股票的超额需求，从而导致股票在纽约证交所的价格上涨：买方人数多于卖方人数，股价就会上涨，反之就会下跌。这完全符合商品买卖的基本规律。

在随后的一段时间内，股票价格开始波动：随着投资者情绪的变化，股价有时上涨，有时下跌。如果市场上出现针对公司的好消息，就会增加公众对股票的需求，股价就会上涨；反之，在投资者对公司持悲观情绪时，就会导致股价下跌。

在随后的几年里，威利工厂的利润持续增加。而在较长时期内，如果一家公司的利润不断增加，股价通常会随之上涨。

现在，威利的股东可以通过两种方式赚钱。他们可以用股息形式实现利润，通常每季度支付一次；或是等到股票大涨时卖出全部或部分股票来赚取现金。

投资者在拥有威利巧克力工厂部分股份的情况下，可以通过如下方式实现 10% 的年收益率：

蒙哥马利·伯恩斯发现威利巧克力工厂的股票势头很好，于是，决定按 10 美元 1 股的价格买进总价为 1 000 美元的股票。一年之后，股价上涨到 10.50 美元，这就相当于股价上涨了 5%，因为 10.50 美元比伯恩斯最初支付的 10 美元高出了 5%。

如果伯恩斯得到了 50 美元的股息，我们就可以说，他又赚到了 5% 的额外利润，因为这 50 美元的股息相当于原始投资 1 000 美元的 5%。

因此，如果伯恩斯的股票因股价上涨而得到 5% 的收益，又通过股息分红再赚 5%，那么，在一年之后，他的股票实际上已经获得了 10% 的回报率。当然，只有那 5% 股息分红的部分是以现实的利润形式进入了他的腰包。而以股价增值形成的那 5%“利润”只有在伯恩斯卖出这些股票之后才能得以实现。

不过，由于威利·旺卡巧克力工厂的股票经常波动，伯恩斯并没有因为买卖股票而成为当地最富有的人。研究表明，就平均水平而言，在短时间内频繁买卖股票的人往往赚不过长期持有股票的投资者。

伯恩斯在很多年里一直持有这些股票。股价有时上涨，有时下跌。但公司的利润还在持续增加，因此，股价从长期来看依然维持上涨势头。每年拿到手的股息让贪婪的伯恩斯笑得合不拢嘴，再加上不断上涨的股价，为伯恩斯带来了每年总共 10% 的收益率。

但是，伯恩斯并没有像我们想的那样安分守己地满足于现状，在买进威利·旺卡股票的同时，还买了霍默面包圈和鲁斯酒吧的股票。可这两家公司的经营情况却很糟糕，让伯恩斯赔了很多钱。

更让伯恩斯抓心挠肝的是，他错过了本来能让他更赚钱的一家名为“令人作呕的巴特”的娱乐公司的股票。如果伯恩斯买了这家公司的股票，他恐怕做梦都会笑醒，因为这和开银行没有什么区别。仅在4年的时间里，这只股票的价格就翻了四番。

我是不赞成像伯恩斯这样投资的。在下一章里，我会告诉各位，投资股市的最佳方法就是拥有市场上的每一只股票，而不是去猜测哪只股票会上涨。**尽管买进市场上的所有股票听起来不现实，但如果能买到一种本身就包含所有股票的产品，这一切就很简单了。**

在接触这个问题之前，请不要忘记：即使你只用别人一半的成本投资，最终仍有可能获得比别人多一倍的回报，但前提是你先人一步。对于那些有耐心的投资者，全球股市的总回报足以给他们带来一大笔利润。

例如，1920—2010年，美国股市实现了9.96%的年均增值率。在这期间，部分时段的增值率超过这一数字，但另一段时间里的增值率则会低于这

表2.1　年增长9.96%，如何让你的1 000美元不断膨胀

增长年数	价　值
0	$ 1 000.00
10	$ 2 584.32
20	$ 6 678.74
30	$ 17 260.04
40	$ 44 604.58
50	$ 115 275.37
60	$ 297 909.16
70	$ 769 894.43
80	$ 1 989 658.28
90	$ 5 141 925.80

个数字。如表 2.1 所示，9.96% 的年均收益率给投资者带来了相当可观的回报率。所以，一定要尽早投资，经常投资。这样，时间就会让你的口袋越来越鼓，你就极有可能变成有钱人。让我来告诉你这一切是如何实现的。

你掌握“致富黄金法则二”了吗？

1. 什么是“致富黄金法则二”？

◆ 利用最强大的投资利器：复利的神奇力量——让钱生钱。

◆ 时间就是金钱。时间会让你的口袋越来越鼓，关键在于你如何利用它的价值。

2. 怎么运用“致富黄金法则二”？

◆ 实践巴菲特的“诺亚原则”：尽早投资。投资越早，复利的神奇力量就越大，获利越大。

◆ 现在就开始投资。要最大程度增加在股票和债券市场上赚钱的机会，最好的办法就是从现在开始，不管是 14 岁还是 41 岁，毕竟你以后再也不会比现在更年轻了。

◆ 投资股市的最佳方法就是拥有市场上的每一只股票，而不是去猜测哪只股票会上涨。尽管买进市场上的所有股票听起来不现实，但如果能买到一种本身就包含所有股票的产品（指数基金），这一切就很简单了。

巴菲特在 11 岁的时候买了第一只股票，可这位数十亿万富翁居然还打趣说自己出道太晚。百万富翁教师则从 19 岁开始投资。

3. 为什么要掌握“致富黄金法则二”?

◆ 这是你能送给自己的最好礼物。

你每年只需60分钟进行投资管理，就可以优哉游哉地坐享财富了，任它熊市牛市。

研究表明，就平均水平而言，在短时间内频繁买卖股票的人往往赚不过长期持有股票的投资者。对于那些有耐心的投资者，股票市场的总回报足以给他们带来一大笔利润。

◆ 传授给孩子，这会是你送给他们最好的礼物。

直接把钱给孩子，孩子或许会变成一个理财弱智，也会助长他们的软弱和依赖。为孩子“留出”钱与激励孩子自己去赚钱、节约和投资是绝对不同的。

必须让孩子自己学会赚钱、学会节约。向孩子传授理财技能，并为他们的奋斗喝彩，则有助于促进孩子增强力量、独立性和自豪感。这也是你唯一能帮助他们做的事情。

帮助孩子先人一步，赢得更多的时间让“诺亚原则”在孩子身上制造更大的奇迹。

斯塔尔从5岁开始每月投资45美元，65岁时，她的总收益是1 050 180美元。

露西从40岁开始每月投资800美元，65岁时，她的总收益是813 128美元。

MILLIONAIRE TEACHER

致富黄金法则三

买指数基金，不只保本，还要稳赚

原本属于你的 78% 的收益到哪里去了？大熊市，他居然能赚钱；大牛市，你竟然还赔钱。为什么？

与其在股海里费力挑选几只绩优股，不如买下整个股市。如何才能做到？

她为何炒掉了理财顾问，嫁给了我？

“远离理财顾问！”连巴菲特、萨缪尔森、卡尼曼等大师都这么说，你为什么还把钱浪费在理财顾问那里？

Small
Percentages
Pack Big Punches

1971年，就在伟大的拳击手穆罕默德·阿里打遍天下无敌手的时候，美国职业篮球明星威尔特·张伯伦公开表示，他完全有可能在拳击台上打倒阿里。于是，拳击经纪人们开始手忙脚乱地组织二人对决，而阿里则将其视为笑话。只要走进张伯伦的听力范围内，阿里就会把双手拢在嘴边，大声叫喊“木……头……”

尽管巨人张伯伦觉得自己在比赛中获胜的机会极大，如果运气足够好的话，甚至一拳就可以让阿里出局，但其他业内人士显然不这么认为。他们觉得，张伯伦能获胜简直是彻头彻尾的笑话，这种鲁莽的冒险只会给这位伟大的篮球运动员带来巨大的痛苦。

据传闻，阿里的“木头”呐喊最终让张伯伦彻底崩溃，退出了即将到来的拳击大战。

大多数人都不喜欢失败，因此，总会有一些我们不想做的事情。但令人感到遗憾的是，张伯伦显然不够明智，否则他就不会走上拳击台去挑战他注定无法击败的职业拳击手。如果我们足够明智，我们也不会到法庭上去打注定会输的诉讼官司，更不会拿自己的钱做赌注和象棋大师一决高下。

但我们敢不敢在长期投资竞赛中挑战职业理财顾问呢？按照常理，我们不应该那么做。但理财或许是唯一可以挑战专业人士、而且可以轻而易举击败他们的领域。

别让属于你的78%的利润被他人偷走

自学投资不一定非得很聪明。你要认识到，如果听从大多数职业理财顾问的建议，你未必能进行最好的投资。在这场游戏中，普通投资者永远是受骗者，因为大多数理财顾问是牺牲客户的利益，用客户的钱为自己谋利的。

理财顾问的高收入从哪里来？

绝大多数理财顾问不过是把个人利益置于客户利益之上的推销员而已。他们把理财产品推销给你，从这些产品的发行者那里领取丰厚的薪酬，而你永远是他们中饱私囊之际很少想到的人。很多人都有做理财顾问的朋友，他们往往是宴会或高尔夫球会上最好的交谈对象。但是当他们力荐客户买进主动式管理基金（即把大量投资者的小钱凑成大钱，由投资理财顾问频繁购买各种股票、债券和其他资产组合的一种集资式投资工具，也叫“信托基金”，美国称之为“共同基金”）时，他绝不是在为客户提供服务。

实际上，他们根本就不应该向客户推荐主动式管理基金，而是应该指导客户多多关注指数基金。

看看诋毁指数的是些什么人

有三类投资者会认为，主动式管理基金在扣除各项税费后的长期收益能力超过指数化多样组合。

假设这里有个舞台，表演者们依次登场。第一个手舞足蹈地上台的人就住在你隔壁，他的职业是理财顾问。他神通广大，无所不能。他使尽浑身解数来说服你：世界是平的，太阳围绕地球转，他比狂欢节上的吉普赛人更善于预言未来。向他提及指数基金就像是在他的生日蛋糕上打了一个喷嚏。他不仅想吃掉自己的蛋糕，还想在你的蛋糕上咬上一大口。

第一位表演者离开了，第二名演员在观众痴迷的目光下施施然登场。

她总是穿着笔挺的职业套装，在一家理财顾问公司的公共关系部工作，她的工作内容之一，就是编写一些令人摸不着头脑的市场总结和投资建议，作为主动式管理基金说明书的补充文件。这些文件经常会这样写：

> 因销售额下降 2.5%，本月股价放量下跌，造成黄金买方盈余增加，在联邦赤字增长情况下有可能导致中国期货上涨，已有两位华尔街银行家因债券息差收缩而转向股票。

这些胡话的可信度，简直和“今年股市上涨的原因是因为北极熊在 11 月之前能找到交配伴侣”差不多。他们以为反正没人会看他们写的东西。

如果你问她为什么这样写，她会告诉你，主动式管理基金就是你的选择——有趣的是，她却不会提及自己那要命的 1 700 万美元抵押贷款，她在夏威夷海滩的度假别墅以及这些钱她想让你来帮她付。

第三个登台的演员让人觉得有点悲哀。他看上去高傲自大，固执地认为根据统计，主动式管理基金从长远来看比指数基金更有可能盈利，但其实他是最容易受骗上当的人。他只是不想承认，他的理财顾问更看重的是自身的利益，而不是客户的。

我们不妨看看彼得·林奇（Peter Lynch），他可能是历史上最伟大的主动式管理基金管理人之一。在 46 岁退休之前，他一直管理着麦哲伦基金，该基金因在 1977—1990 年实现了 29% 的年均收益率而成为业界焦点。但是在最近一段时间，这只基金却让投资者大跌眼镜，在过去 10 年仅实现了 21% 的总回报率，而同期标准普尔 500 的总收益率则是 41%。

在反思金融服务业的缺陷时，林奇说：

> 看来，整个形势正在恶化，而专业人员的堕落更令人不安。选择指数基金应该会给投资者带来更多的回报。

作为 20 世纪 80 年代以来的偶像，你或许会认为，林奇只不过是旧时的遗老，他已经不再适合当今时代。但我们不妨把关注点转移到当下，看看比尔·米勒 (Bill Miller)，现任美盛价值基金主动式管理基金管理人。2006 年，《财富》杂志专栏作家安迪·瑟沃（Andy Serwer）称米勒为“当代最伟大的投资经理人”，此前，米勒已经连续 15 年打败标普 500 指数。但当《当大脑遇到金钱》作者、《货币》(*Money*) 杂志的贾森·茨威格（Jason Zweig）在 2007 年 7 月采访米勒时，他却对指数基金做出如下评论：

> 投资者应该把投资的绝大部分放到指数基金上……除非你很幸运，或是有能力找到出类拔萃的主动式管理基金经理人，否则，指数基金更有可能为你带来愉悦的投资体验。

米勒的这段话非常及时。自 2007 年起，他管理的基金开始明显落后于美国股市指数基金。当然，有些主动式管理基金经理会迫于公司老板的要求买入自己经营的股份。但是对于应纳税账户他们却是能避则避。泰德·阿伦森 (Ted Aronson) 采用主动式管理性策略经营着超过 70 亿美元的退休金组合、捐赠基金及公司养老金基金账户，他也是基金管理领域最杰出的管理者之一。但他是怎样处理自己的应纳税资金呢？1999 年，他曾告诉正在为 CNN《货币》栏目撰稿的贾森·茨威格，他的全部应纳税资金均投资于先锋的指数基金：

> 一旦考虑到税收因素，推崇主动式管理基金的论调便不攻自破……指数优于精选。如果扣除税款，主动式管理基金毫无胜算。

或是用名副其实的重磅人物、美国证券交易委员会前主席阿瑟·莱维特（Arthur Levitt）的话说：

> 最邪恶的魔鬼就是持有某些主动式管理基金带来的高成本。

> 不到1%的收费表面看起来很低，却可以轻而易举地让投资者在整个投资期内丢掉几万美元。

但你不必因自己的投资结果而失望。**只要坚持节约，并有志投资于低成本、低税率的指数基金，你就完全可以用别人一半的成本，在自己的投资期内实现更多的财富。**

你或许没有在学校里学过下面这些东西，但它们对于你的财富健康至关重要：

- 相比于主动式管理基金投资，指数基金投资在统计上获得成功的几率更高。
- 还没有出现一种系统，能挑选出可以持续打败指数基金的主动式管理基金。如果有人说自己能做到这一点，你就权当做耳边风了。
- 不要被任何主动式管理基金的辉煌历史所迷惑。根据既往业绩选择基金是最愚蠢的事情。
- 在用应纳税账户里的钱投资基金时，指数基金的收益能力将远远胜过主动式管理基金。
- 不要忘记大多数投资顾问所面对的利益冲突。他们根本就不想让你购买指数基金，因为说服你购买主动式管理基金，他们能拿到多得多的佣金和销售提成。

如果以上论点还不足以说服你，那么请算一算就知道了。如果股市在5年内的年均收益率为6%，扣除如下费用项目：

- 顾问费1.75%；
- 平均管理费1.5%（加拿大为2.5%）；
- 12B1费0.25%（美国）；
- 税收1.7%。

最后，客户的收益率只剩下 1.3% 了。

如果股市在这 5 年期间实现 6% 的年均收益率，在扣除上述各项税费后，投资者可以得到 1.3% 的收益率。因此，投资者最终只能从股市的利润分配中拿到 22%。另外的 78% 呢？没错，都藏在“小数字”里了。你难道愿意把这大部分收益拱手“赠送”给理财顾问？

指数基金让理财顾问恨之入骨

每一部非小说类著作都有一个索引。我们不妨直接翻到正文之后的索引部分，就可以看到书中所有的参考词汇。一本书的索引囊括了这本书的全部关键点。

现在，我们不妨把股市看做一本书。如果你翻到最后的索引页，你就可以看到这本“书”的所有关键词。比如说，如果你翻到《美国股市》的最后几页，你就会看到沃尔玛、盖普服装、美孚石油、宝洁以及高露洁等上市公司的名字，这个目录会很长，足足包含几千家公司。在投资领域，如果你购买了一只美国股市指数基金，你买的其实是包含了几千只股票的单一理财产品，它代表的可是整个美国股市呢。只需持有如下 3 种指数基金，你就可以让自己的投资对象覆盖全球所有股市：

- 一只本国股市指数基金（对美国而言，它就是美国指数；对加拿大来说，它就是加拿大指数）。
- 一只全球股市指数基金（包含全球股市的多种国际股票）。
- 一只政府债券市场指数基金（这是你借给政府的钱，可以享受有担保的稳定利息）。

我们将在法则五和法则六里详细解释债券指数，并向各位介绍 4 位现实生活中的人，他们来自世界各地，都曾创建过指数型投资组合。这对他们来说并不困难，对你也不会太难。就这么简单。只需要 3 种指数基金，你就可以把绝大部分理财专业人士打得落花流水，满地找牙。

多位投资高手力荐指数基金

沃伦·巴菲特曾说过：

> 在牙科医生这样的专业领域，门外汉们必须仰仗专家的权威。但是就总体而言，专业理财经理不会给我们带来财富……持有普通股的最佳途径就是购买指数基金。

如果你想就投资方向问题咨询沃伦·巴菲特，他或许就会推荐你购买指数基金。作为世界上最伟大的投资者，同时作为一个把越来越多财富捐献给慈善事业的普通人，沃伦·巴菲特对指数基金的推崇也印证了他回报社会的誓言。他是在用自己的专业知识进行回报：**务必远离理财服务行业，尽量投资于指数基金**。

假如30岁时，我浑然不知地开始向理财顾问支付看不见的理财费用，我真不知道自己还能不能凭借当教师的薪水成为百万富翁。假如真那样做的话，我在整个投资生涯中要无端地扔掉足足几十万美元。同样，你也不应该这么做。

1970年诺贝尔经济学奖获得者保罗·萨缪尔森（Paul Samuelson）说过：

> 实现股票投资组合多样化的最佳途径就是找到一个低费率的指数基金。

毫无疑问，作为当代最知名的经济学家，刚刚过世的保罗·萨缪尔森是获得诺贝尔经济奖的第一个美国人。公平地说，他对金钱的了解，要远远超过任何一个为利益分配纠结不已，但唯独不想把利益分给你的经纪人，不管他在业内有多么知名。

尽管大多数理财顾问不会告诉你，但一个由诺贝尔获奖者组成的梦之队会告诉我们：**任何自以为能打败股市指数的理财顾问和投资者，都只**

会在事实面前一次次撞得头破血流。

2002 年诺贝尔经济学奖获得者丹尼尔·卡尼曼（Daniel Kahneman）就曾公开发言：

> 他们根本就不可能打败市场，这种事情绝对不会发生。

在被问及投资者打败宽基指数（Broad-based Index，指所包含的股票的流通额都在 1 个亿以上的指数。——译者注）基金的概率时如是回答。

卡纳曼通过研究发现，人类的本能行为会对投资决策产生负面影响，他正是凭借这一研究而获得诺贝尔奖。他认为，很多人觉得只要给优秀的基金经理足够的时间，他们是能打败市场指数的。

1990 年诺贝尔经济学奖获得者默顿·米勒（Merton Miller）曾说过：

> 任何一个不把被动式投资（指数基金）作为投资组合主要成分的养老基金经理——我的意思是达到投资组合中的 70% ~ 80%，迟早会为自己的行为不当、不作为或者其他形式的过失而追悔莫及。大部分人基金经理什么理财策略都采用，就是不采用被动式投资策略（指数基金）的话，这是毫无意义的。

养老基金经理受到政府和企业的信任，为他们带来数十亿美元的投资。在美国，一半以上的养老基金经理采用指数投资策略。米勒指出，那些不采用指数策略的基金经理为市场提供了不负责任的典型。

1997 年诺贝尔经济学奖获得者罗伯特·默顿（Robert Merton）说过：

> 我买一只全球指数基金的总费用只有 8 个基点。

在 1994 年的时候，身为哈佛商学院名誉教授的默顿还觉得他能打败股市大盘。此外，他还是美国长期资本管理公司（LTCM）的董事，这家美国著名对冲基金公司在 1994—1998 年实现了 40% 的年均回报率。不过，这只是破产之前的业绩。2000 年，长期资本管理公司破产，该基金的股东损失惨重。

很显然，像默顿这样的诺贝尔奖获得者绝对是出类拔萃的天才，其最明智之处在于他善于从错误中汲取教训。2009 年，默顿曾在美国 PBS 电视台的新闻时段接受采访，当观众请他介绍自己持有的投资组合结构时，默顿脱口而出的就是全球指数基金，而且该基金的收费只有 8 个基点。换句话说，这个指数基金无形的年成本率只有 0.08%。一般投资者找理财顾问理财，通常需要支付 12 ~ 30 倍的费用，相当于在整个投资期内需要耗费几十万美元。下面，我打算告诉各位如何让你的投资费率尽可能接近罗伯特·默顿的水平，以及如何从他的错误中吸取教训。

1990 年诺贝尔经济学奖获得者威廉·夏普（William F. Sharp）说：

> 在更多的情况下，为了方便那些选择主动式管理者作为职业的人，我们在证实结论（用来支撑主动式管理）时就不得不采用假设而非数学法则的方式。

如果你很幸运，恰好就住在夏普的隔壁，那么，夏普或许会说他是彻底的指数基金拥护者，而且会告诉你，那些劝你采取其他股票投资策略的理财顾问和主动式管理基金经理就是在欺骗你。如果一个理财经理试图告诉你不要投资于指数基金，他实际上就是在说自己比沃伦·巴菲特更聪明，在理财方面比诺贝尔经济学奖得主更权威。这样的话你能信吗？

主动基金 VS 指数基金，到底孰优孰劣？

你购买主动式管理基金（在北美以外通常被称为单位信托基金）会让理财顾问得到可观的报酬。因此，他们当然喜欢帮你大肆买进这种产品。

但如果购买指数基金的话，他们几乎赚不到钱，于是，他们必然会不遗余力地引导客户购买其他能给他们带来更高利润率的产品。

主动式管理基金的工作原理如下：

- 理财顾问拿走你的钱，汇到一家基金公司。
- 这家基金公司将你的资金与其他投资者的资金共同汇入一只主动式管理基金。
- 基金公司的基金经理负责买卖该基金中的股票，以期通过这些买卖活动为投资者创造利润。

美国股市指数基金几乎包含美国市场上的所有股票，而主动式管理基金经理只是反复买卖某些他们选定的股票。

例如，一位主动式管理基金经理可能会在今天买进可口可乐公司的股票，明天卖出微软公司的股票，在下一周再买回微软股票，并在随后12个月内把通用电气股票买进卖出两三次。

这听起来是有益的投资策略，但学术研究得出的结果恰恰相反。根据统计数字，**与购买指数基金相比，买进主动式管理基金完全是一场没有赢家的游戏**。即便基金经理的操作极富策略性，绝大多数主动式管理基金从长期看来还是要逊色于指数基金。原因如下：

当美国股市大盘上涨时，比如在某个年份上涨了8%，这就意味着投资于股市的1美元在该年度会增值8%。而美国股市大盘下跌时，比如在某个年份下跌8%，这就是说，投资于股市的1美元会在该年度贬值8%。

但这是否意味着，如果股市在去年增值8%，每个投资者都能实现8%的回报率呢？当然不会。有些人可能会赚得更多一点，有些人则会少一些。在大盘盈利8%的这个年份里，一半的投资者可能会实现超过8%的回报率，另一半的回报率则有可能低于8%。若以该年度上涨或下跌的个股为标准，对“成功者”和“失败者”的回报率进行平均，全部投资者的平均回报率应该是8%。

投资股市的大部分资金来自主动式管理基金及股市指数基金、养老基金和捐赠资金。

假如市场大盘在本年度上涨 8%，你认为普通主动式管理基金、养老金基金以及捐赠基金在这一年的股市上会实现怎样的回报率呢？

答案当然是非常接近于 8% 了，但还没有算上管理费。

我们知道，宽基指数基金会在这个假定的年份实现 8% 左右的收益率，因为它持有市场上所有的股票，因此可以得到整个市场的“平均结果”。从数学的角度来看，不存在整体股市指数基金打败市场大盘的可能性。如果股市在既定年份上涨 25%，那么，整体股市指数基金在扣除约为 0.2% 的少量基金管理费用之后可能会实现 24.8% 左右的收益率。如果股市大盘在随后一年上涨 13%，整体股市指数基金的最终回报率可能在 12.8% 左右。

你如果只看上面的数据，销售主动式管理基金的理财顾问从你的钱包拿走钱的机会就很大了。他可能会提出这样的建议：赚取与市场大盘相同的收益率就意味着拿到平均收益率，而买进表现优异的主动式管理基金，则可以打败平均收益率。

如果主动式管理基金不需要运作成本，而且投资顾问干活不要钱，那么，投资者大概有五成的把握找到可以打败宽基指数基金的主动式管理基金。《组合管理杂志》（*Journal of Portfolio Management*）发布的 15 年期美国股市研究，对主动式管理基金与标准普尔 500 指数的基金收益率进行了比较。该项研究指出，在扣除费用、税款及“生存偏差”（Survivorship Bias，指在基金绩效研究中不考虑已退市基金，这种做法可能导致人们对基金绩效的错误高估。——译者注）因素后，96% 的主动式管理基金的收益率低于指数基金。

主动基金不会比骨癌患者存活得更久

在一只主动式管理基金表现极差的时候，它通常很难再吸引新的投资者，很多现有的投资者也会另寻新欢，转而投资于更健康的基金。一般情况下，表现较差的主动式管理基金会被其他基金合并或者干脆破产清算。但这种情况在基金绩效研究中并不考虑，因此可能导致对基金绩效的错误高估，用行话来说，就是“生存偏差”。

2009 年 11 月，我接受了一次骨癌手术。当时，我 3 根肋骨的大部分及部分脊柱被摘除。但你知道吗，我继续活 5 年的概率居然要高于一般的主动式管理基金。

根据对 20 年间主动式管理基金的监控，罗伯特·阿诺德（Robert Arnott）、安德鲁·伯金（Andrew Berkin）和叶佳（Jia Ye）调查了 195 只主动式管理基金的存活寿命，结论是：在此期间基金的死亡率为 17%。他们在 2000 年发表于《组合管理杂志》上的《应纳税投资者在八九十年代的收益情况》（*How Well Have Taxable Investors Been Served in the 1980's and 1990's*）一文中指出，在他们跟踪的 195 只主动式管理基金中，33 只在 1979—1999 年间退出市场。没有人能预测哪只基金会生存下去，哪只基金做不到。选出一只能生存下去的主动式管理基金的难度，无异于预测哪个骨癌患者活得更久。

是什么拖了主动式管理基金的后腿？

我们或许会认为，那些拥有长期稳健经营纪录的优异基金，其生命力应该够长够强，因此可以对其存续寿命做出可靠预测。它们不会突然变差，更不可能突然消失，对吧？

第 44 华尔街基金（The 44 Wall Street Fund）的投资者们正是这么想的。这只基金曾是 20 世纪 70 年代最耀眼的基金明星，其业绩不仅超过业内的所有多样化投资基金，而且曾连续 11 年跑赢标普 500 指数。但它的成功还是太短暂了：在享受了 10 年“全美业绩最佳基金”的风光之后，在第二个 10 年，它突然跌入“业绩最糟糕基金”之列。在整个 80 年代，该基金的价值缩水更是高达 73%。于是，它的品牌名字逐渐淡出投资者视野，并于 1993 年被坎伯兰成长基金兼并，后者又在 1996 年被马特霍恩成长基金合并。

现在，它早已消失得无影无踪。

随后登场的是另一只明星基金林德纳大盘基金（Lindner Large-Cap Fund），1974—1984 年，它连续 10 年击败标普 500 指数，吸引无数投资者蜂拥而至。但在随后的 18 年里（1984—2002 年），该基金的年均收益率却仅为 4.1%。相比之下，标普 500 指数基金的年均收益率则是 12.6%。拙劣的表现让林德纳大盘基金这个名字最终彻底被市场抹掉，与轩尼诗全收益基金合并。

我们可以找到很多介绍整体股市指数基金与主动式管理基金历史业绩的资料。大多数资料均显示，指数基金在 10 年或更长期内的收益率比主动式管理基金高出 80%。在比较时，还忽略了“生存偏差”因素。如果考虑到这一因素，整体股市指数基金的优势将会更明显。

如果再算上管理费、“生存偏差”及税款等因素，大多数主动式管理基金的业绩都会明显低于整体股市指数基金。根据应纳税账户的数据显示，1984—1999 年，美国主动式管理基金的平均收益率比以标普 500 指数为基准的整体股市指数基金低约 4.8%。

拖了美国主动式管理基金后腿的，有如下 5 个因素：管理费率、12B1 费用（基金行销费用，以年费的方式转嫁到基金）、交易成本、销售佣金及税款。很多人问我，他们的主动式管理基金说明书中为什么没有提到这些费用？这是因为除了管理费率和销售佣金可能会用特小字号印在某个角落里之外，其他 3 个因素通常被经纪人刻意隐藏起来。购买这样的产品，就像是披上一块厚厚的大地毯参加游泳比赛一样。

1. 管理费率

管理费是指与主动式管理基金运营相关的成本。尽管投资者可能意识不到这种费用的存在，但如果你购买了一只主动式管理基金，就要承担股票分析师及（或）交易人员的工资薪酬。这些家伙干着世界上最赚钱的行当，因此，他们也是人工成本最昂贵的专业人士。此外，计算机的维护、办公地点的租金、订购投资报告、用电以及拉客户的广告机构和销售人员的工资都是成本。

最后还有基金公司的老板们，他们的利润就是向客户收取的管理费扣除各种成本后的余额。请注意，不是购买主动式管理基金中某个基金单位的某个人，而是基金公司的所有者。

一只总投资额为 300 亿美元的基金，每年可以按上述费率向投资者收取 4.5 亿美元或投资者资产总额 1.5% 的管理费，这对投资者而言就是成本。这笔钱在投资者毫无察觉的情况下从主动式管理基金价值中移出。不管基金是赚还是亏，它们都要以现金形式从投资者手中流进基金公司的腰包。

2. 12B1 费用

尽管并非所有主动式管理基金都要收取 12B1 费用，但是在美国，60% 的基金都是要收的。这部分费用相当于投资成本的 0.25%，或者说，对于一只 300 亿美元的基金，这笔费用每年都将达到 7 500 万美元。12B1 费用主要用于包括杂志、报纸、电视以及在线广告等的营销活动，以便吸引新的投资者。

这笔钱总要有人出，于是，现有投资者就只好为新投资者的加盟买单了。这就像一个戴着面具的幽灵，每天晚上都神不知鬼不觉地从投资者的腰包里掏出一笔钱。但理财顾问的报告里绝对不会出现有关这笔费用的项目。

3．交易成本

第三项费用是基金的交易成本，这项费用每年都会有所变化，具体情况则取决于基金经理买卖的金额。请记住，主动式管理基金都会有一些专门负责买卖股票的交易人，他们掌控着基金的业绩。根据全球知名调查公司理柏（Lipper）的研究，主动式管理基金每年发生的平均交易成本率为 0.2%，对于一只 300 亿美元的基金来说，相当于每年发生 6 000 万美元的交易成本。

4．销售佣金

如果上述3项隐形费用已经让你叫苦不迭的话，我还有更坏的消息要告诉你呢。很多基金公司收取佣金：要么是在购买基金时按一定百分比提前收费，要么是在卖出基金时再收费，但不管早收晚收，这笔钱都被销售人员纳入腰包。这项费用有可能高达全部交易金额的6%。很多理财顾问酷爱销售“有佣金基金”（Loaded Fund，指收取认购费的基金，通常由基金公司先卖给中介者如投资顾问，再转卖给投资者。投资者需要支付认购费作为中介者的费用。——译者注），因为它能让自己的私人账户迅速膨胀，但对于投资者而言却没那么多了。

比如说，一个按5.75%收取佣金的基金要在第二年实现收支平衡，就必须实现6.1%的收益率。这听起来有点像数学题：假如今年你的钱拿出几个点做了理财顾问的佣金，那么，明年你必须实现更高的回报率，才能让自己的投资保本。例如，你从100美元投资本金里拿出50美元作为佣金，你的本金就只剩50美元了。于是，你在下一年里必须将手里的钱翻番，才能拿到最初投入的那100美元。理财顾问们实际上为自己搞到了一个只进不出的小猪储钱罐，而你就是那个往里扔钱的乖宝宝，你说对不对？

5．税　收

在美国的主动式管理基金账户中，超过60%的资金属于应纳税资金。这就是说，当一个主动式管理基金经理在某个年度实现盈利时，只要这部分属于应纳税账户，投资者就需要为这部分收益缴纳税款。这其中的原因在于，这类基金设有专门负责股票买卖的基金经理。如果他们卖出的股票为基金实现盈利，参与该基金的投资者就会在年底为其应纳税账户的收益交税。基金经理进行的交易越多，税收的成本就越高。

但对于整体股市指数基金来说，此类交易活动根本不存在。除非投资者将所持基金高价售出，否则就不需要为股票收益交税。由于不需每年缴纳高额的资本所得税，投资者就能够让股票增值并利滚利，从而得到相当可观的复利收益。至于税款，等到实际出售基金时一次交清即可。

主动式管理基金经理知道，很少有人会拿他们的“税后收益”与其他主动式管理基金做比较。例如，某年，一只实现了11%收益率的基金，扣除税率后的业绩居然有可能胜过一只收益率12%的基金，秘密何在？在于换手率。如果一只主动式管理基金每年都对它所持有的每一只股票进行交易，那么，我们就说这只基金具有“100%的换手率”。大多数主动式管理基金经理在进行此类交易时，都会给这些基金的持有者带来短期资本收益（前提是该基金在总体上盈利）。在美国，短期资本收益要交非常高的税款，但却没几个基金经理会在乎它。

相比之下，指数基金投资者要交的税款则少得多，这是因为指数基金通常采取“买入并持有”的投资策略。与此相反，主动式管理基金中的交易越频繁，给投资者带来的纳税额就越多。

博格金融市场研究中心（Bogle Financial Markets Research Center）通过研究在15年间（1994—2009年）主动式管理基金的税后收益发现，主动式管理基金要扣的税明显多于整体股市指数基金。如果你通过应纳税账户投资一只主动式管理基金，且该基金的收益能力相当于同期的指数基金平均水平，你最终赚到手的钱就会少得多。这或许会让你迷惑不解。既然投进去的钱完全相同，拿到手的钱为什么会少这么多呢？

在扣税之前，如果你的主动式管理基金业绩与美国整体股市指数基金不相上下，即相当于实现6.7%的平均收益率。但在纳税之后，主动式管理基金如果要赶上美国整体股市指数基金，就必须在15年期内的总收益率比指数基金高16.2%。这里，我们假设主动式管理基金经理买卖股票的频率与主动式管理基金的平均“换手率”相同。这些关于主动式管理基金与整体股市指数基金在税后收益方面的比较，我们显然不太可能在主动式管理基金宣传手册上看到。但在应纳税账户中，税收却是毫不含糊的。

在投资时，如果把数额可观的管理费、12B1费用、交易成本、销售佣金和税收统统都考虑进去的话，就相当于一个戴着眼罩上场的拳击手，在比赛铃声响起之前先挨上对手5记重拳。比赛还没有开始，你都已经头破血流了，这场比赛还有什么公平性可言？

如果你在学校中学过这些，等你长大后，或许就永远不会考虑购买主动式管理基金了。

不过，为了理清头绪，我们不妨一一对应，重新归纳一下整体股市指数基金与主动式管理基金的区别。

表 3.1　主动式管理基金与整体股市指数基金的区别

	主动式管理基金	整体股市指数基金
购买种类	频繁地大量买卖几十种甚至几百种股票。只有极少数年初持有的股票在年末依旧持有。	买进的股票通常超过1 000种。基金中96%以上的股票持有时间超过一年。无频繁交易。股票构成完全复制所跟踪的指数。
投资成本	基金经理及其团队进行大量研究。他们的高工资是其服务的补偿和回报，但却增加了基金的成本。这部分成本由投资者支付。	以拥有股市上的全部股票为目标，不针对个股进行任何研究。整体市场指数基金实际上可以由计算机操作，因而不存在研究成本。
佣　金	频繁买卖基金内部的股票会产生大量佣金，这直接减少了主动式管理基金的净资产价值。这部分成本也由投资者支付。	由于不存在“交易”，因而买卖佣金极低。节约出的这笔费用相当于降低了投资者的成本。
税　费	交易必然会带来税收，当基金以应纳税账户形式持有时，这部分税收即形成投资者的成本。	不存在交易，也就意味着即使是通过应纳税账户，伴随着由于资本增加而增长的年税费也是最低的。
关注股票种类	基金经理关注于特定的股票规模和板块。例如，小盘股基金仅持有小公司股票；价值型基金仅持有便宜的股票；成长型基金仅持有成长型公司的股票。	整体股市指数基金持有各种各样的股票。它把股市上的所有股票纳入基金投资范围，因为它的投资策略就是拥有“整个股市”。
营利模式	提供主动式管理基金的公司股东均有权分享基金管理费形成的利润。向投资者收取的费用越高，基金公司所有者的利润就越高。	像“先锋”这样的基金公司属于非营利型公司。先锋是世界上最大的指数基金供应商，为亚洲、加拿大及欧洲投资者提供低成本的指数基金。

（续表）

营 销	主动式管理基金公司的“所有者”需要利润来维持公司的运营，大量的营销活动，销售人员（投资顾问）的高额激励等费用均需投资者承担。	销售人员基本不会兜售指数基金，因为这些基金无利可图。
提成费	主动式管理基金公司每年需要向投资顾问支付“销售提成费”，投资者是最终的买单者。	指数基金公司极少向投资顾问支付“销售提成费”。
赎回费	大多数美国基金公司收取销售费或赎回费，投资者需要承担这些成本。	大多数指数基金都不收取销售费或赎回费。
使用人群	主动式管理基金公司深受投资顾问和经纪人喜爱。	投资顾问和经纪人对指数基金避之唯恐不及。

不妨试试“仅收服务费”的理财顾问

我喜欢把那些平庸的理财顾问比作巧克力饼干。把这些外表漂亮的东西当做营养计划的主要内容，怎么能让我们健康呢？当然，在最初的30秒里，你的味蕾会感受到香甜气息，或许会让你有一点愉悦，但这些理财顾问对于投资者的长期财富，就如同巧克力饼干对我们长期健康的影响一样，只会腐蚀牙齿，没有任何益处。

然而，按小时计费的“仅收服务费”（Fee-only，不提供服务就不收费，以区别于主动式管理基金收取的年费。——译者注）式理财顾问却有可能为投资者提供相对客观的投资建议。尽管没人喜欢看着自己的账单每小时都在增加，但这种按小时收费型的理财顾问完全有可能成为你的专业合作伙伴，帮助你创建一个成功的指数基金组合。

对美国人来说，这样的选择方案太多了。你可以把自己的钱交给先锋基金（Vanguard）。这家美国非营利性金融服务机构也是世界上最大的指数基金供应商。每年只需支付250美元的费用，先锋基金的理财顾问就可以帮你投资。在投资账户的资金超过25万美元时，就免收服务费。

另一个选择则是AssetBuilder。这家位于德克萨斯州的公司专门提供经纪服务，收取较低费用。他们通过一家名为Dimensional Fund的金融机构购买指数基金。由于年服务费非常低，因此，你可以毫无顾虑地把你的钱交给基金公司打理。

以下是几家收费水平较低且主要为美国客户建立指数基金账户的公司：RW Investments（马里兰州）、Aperio Group（加利福尼亚）及Evanson Asset Management（加利福尼亚）。还有一些公司也提供类似服务。但务必要当心：并非所有的“仅收服务费”业务都收费低廉。

在美国，“仅收服务费”型的注册理财顾问正在持续增加。但你还是要当心。收费型投资顾问伯特·怀特黑德（Bert Whitehead）在《为何聪明人总在钱的事情上犯傻》（*Why Smart People Do Stupid Things with Money*）一书中指出，很多机构（如美国运通）在表面上从事“仅收服务费”的业务，但实际上，他们却把旗下的主动式管理基金或保险产品放入客户的投资账户。这些主动式管理基金为这些投资服务公司提供了垫底资金和基础收入，因此，它们实际是在为出售这类产品的机构服务，而不是为你服务。

但我还是希望通过这本书让你拥有为自己建立指数基金组合所必需的全部工具。这样，你就可以聘请一位值得信赖的会计师，在其指导下建立避税账户。听从会计师的建议，你便可以规避一切导致理财服务业堕落的利益冲突。当然，这样做的前提是这位会计师不会向你出售理财产品。

别徒劳挑选“顶级主动式管理基金”

如果你告诉理财顾问你想投资整体股市指数基金，他肯定会大失所望，因为他没钱赚了，即使有也少得可怜。对于他们来说，出售主动式管理基金更有利可图。所以，他当然希望你购买那些能让他拿到丰厚回报的产品。为了达到这一目的，他会使出一贯的伎俩：

> 嗨，我可是专业人士啊。我们公司有大量的研究资源，足以找到可以打败大盘指数的主动式管理基金。我随便就能举出几个，

它们在过去10年的业绩都超过了整体股市指数基金。我帮您买的当然是最好的基金了！

这些主动式管理基金真的在过去5年、10年或者15年里打败了整体股市指数基金了吗？当然有可能。不过，即使这些基金业绩不凡，也不可能在长期内连续超过大盘。极具讽刺意味的是，在考查主动式管理基金时，其“辉煌的历史”根本不能说明任何问题。

五星级主动式基金不可选

晨星投资咨询公司（Morningstar）是一家美国专业投资研究机构，他们以五星标准对基金进行评级。五颗星代表既往业绩极为突出的基金，随着星数的减少，基金业绩随之下降。因此，一颗星代表历史业绩极为糟糕的基金。五星级基金往往是那些在此前5到10年间打败了整体股市指数的基金。

但问题在于，基金的评级结果随时会发生变动，基金的业绩也是如此。一只基金在今天拥有五星评级，并不意味着它能在未来1年、5年或者10年里跑赢指数。总结历史、评定优劣并不困难，但是要根据历史表现选择未来的成功者，显然不是轻而易举的事情。

学术界有一个名为“均值回归”的术语。在现实中，业绩曾超过大盘指数的主动式管理基金，其业绩通常也要回归均值，甚至会跌到均值以下。换句话说，那些历史业绩胜曾高达天堂的基金，最终还是要亲吻大地。

如果在1994年，一位理财顾问决定为你买进晨星评为五星级的基金，并在评级下跌时卖掉，以最新的五星级基金取而代之，那么，你认为投资者在1994—2004年间的表现与宽基美国股市指数基金相比孰优孰劣呢？

作为一家投资通讯机构，《赫伯特金融摘要》(*Hulbert Financial Digest*) 专门从事对其他时事通讯业绩的预测评级。根据《赫伯特金融摘要》，我们可以将上述问题答案的重点归纳为图3.1。

如果最初将100美元投资于主动式管理基金，并在1994—2004年间通过持续调整而始终持有被晨星评定为五星级的基金，最终将获得 194 美元，年均增值率约为 6.9%。如果最初将 100 美元投资于宽基美国股市指数基金，最终其总价值将变为 283 美元，年均增值率约为 11%。

如果再加上税收因素，晨星的超级基金将会变得更难看：你最初投资的 100 美元在 10 年后的最终价值只有 165 美元，年均增值率约为 5.15%。这样的投资无异于让你背着一只猴子去跑步，这个捣乱的家伙注定会弄得你狼狈不堪。相比之下，即使算上税款，投资于宽基美国股市指数基金的 100 美元，最终也会变成 271 美元，年均增值率约为 10.5%。有趣的是，有超过 98% 的主动式管理基金可都是晨星榜单上的超级明星呢。

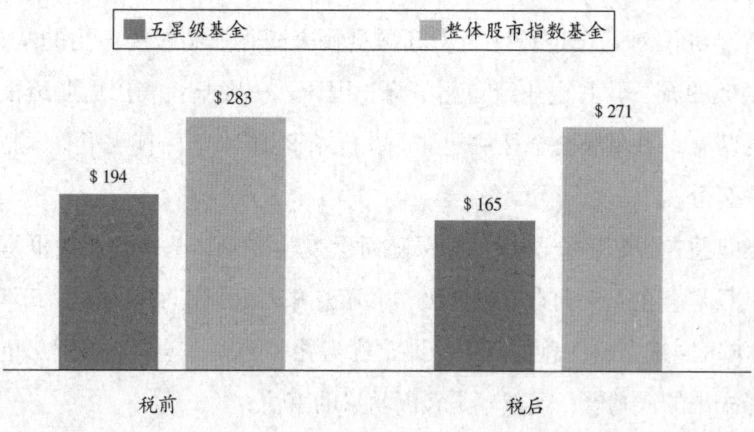

资料来源：约翰·博格（John C. Bogle），《博格论指数基金》（*The Little Book of Common Sense Investing*）。

图 3.1　五星级基金与整体股市指数基金的业绩对比（1994—2004 年）

但是要挑出一只拥有美好未来的主动式管理基金，却如同伯顿·G. 马尔基尔（Burton G.Malkiel）所说的那样，无异于“地狱厨房里的障碍赛跑”。马尔基尔是普林斯顿大学经济学教授，《漫步华尔街》的作者。他认为：

> 我们根本就不可能找得到最佳的主动式管理基金经理人。我已经计算过购买 2 年、5 年或 10 年来最佳业绩基金的收益，它们均未能超过大盘平均水平。我还计算了按《福布斯》杂志评选的

最佳基金进行投资的结果……我发现，这些基金在随后的表现依旧低于市场平均收益水平。

但大多数理财顾问依旧不肯放弃。他们的生计毕竟仰仗于你，他必须让你相信他不仅能找到好基金，还能找到必将战胜市整体股市指数的基金。

根据 2007 年美国知名行业周刊《投资者新闻》发表的一篇文章，雷蒙德·詹姆斯公司的理财顾问因实现了高收费而受到奖励：按照 401（k）（一种由雇员、雇主共同缴费建立起来的完全基金式的养老保险制度）计划中提到的方式，雷蒙德·詹姆斯公司在本年度实施了一项新的薪酬递增计划，销售代表或投资顾问如果向客户收取的管理费和佣金达到 45 万美元，可以得到 1% 的提成；如达到 75 万美元可得到 2% 的提成；如达到 100 万美元则可得到 3%。在超过 100 万美元之后，公司全部 3 600 名销售代表中的 500 人，其提成均为每增加 50 万美元收入便提高 1%；在管理费和佣金达到并超过 3 500 万美元时，则按最高比例 10% 提成。该公司指出，这项规定导致精英级销售代表收取的管理费和佣金足足增加一倍，甚至更多。

这样的激励机制让销售人员和投资顾问变成了嗜血恶魔。

理财故事

她炒掉了投资顾问，嫁给了我

2004 年，在与我结婚之前，我妻子佩里一直是在美国著名金融服务机构雷蒙德·詹姆斯（Raymond James）公司的“帮助”下投资，她买进了主动式管理基金。然而，仅仅是奇高的隐形费用，就让她的账户价值每年缩水 1.75%。此后，每年要收取的费用都被不分青红皂白地捆绑成包，美其名曰为“打包费”“顾问费”或者“账户费”等，就像是一包表面涂着砒霜的饼干。

她的投资顾问为什么要向她收取这些额外的费用呢？我们不妨这样认为，理财顾问帮助我妻子的方式，与臭名昭著的大抢劫犯杰西·詹姆斯（Jesse James）对待火车乘客的方式没有任何区别——拿到钱就跑。再看看我妻子的投资组合。在对她的投资账户进行跟踪之后，我得出了这样一个结论：假如她在此前5年持有的是整体股市指数基金，那么，她的20万美元本金可以多获得2万美元的盈利。在我的计算中，包含了投资顾问向她收取的1.75%的“敲竹杠”费，这也是主动式管理基金常规性收费的最高限额了。

在佩里向她的理财顾问询问投资账户收益差的原因时，对方却向她推荐新的主动式管理基金。而佩里提到整体股市指数基金时，他则显得不屑一顾。或许他已经给自己设定了宏大的目标：一辆保时捷跑车或是奥迪敞篷车。但如果为客户买进指数基金的话，他的豪车就泡汤了。于是，他开始把话题引向另一组曾在过去5年超越大盘指数的主动式管理基金，这些基金全部被晨星评定为五星级。那么，这些新基金在2004—2007年的表现到底如何呢？无一例外地一塌糊涂。尽管它们都拥有辉煌的历史业绩，但在佩里买进并持有期间，它们相对于大盘指数的表现却拙劣异常。于是佩里炒掉了他，嫁给了我

可以肯定的是，扣除全部费用的话，指数基金在整个投资期内的表现注定优于主动式管理基金。但是在1年、3年甚至是5年期内，主动式管理基金也不是没有可能超过指数基金。2010年，我曾在一次研讨会上遇到一个人，在这里不妨称他为“查理”。在看到指数型组合的收益情况之后，他说：“我的投资顾问在过去5年里实现的收益一直比这高。”这完全有可能，但统计数据最有说服力。如果从他的整个投资期考虑，查理的投资收益将远远落后于指数型组合。

1993年7月，《纽约时报》主办过一场投资竞赛，参与者均为业绩优异的理财顾问，比赛内容是比较他们在随后20年内的收益及主动式管理基金选择情况与标普500指数。《纽约时报》将每隔3个月公布一次对比结果，并假设全部资金均投资于免税账户。在此期间，投资顾问可以在

无成本情况下自由转换所持有基金。结果令人震惊，在整个过程中，这些叱咤风云的财神爷渐渐感到煎熬，每一个季度都在加剧其痛苦。仅仅7年后，标普500指数和这些投资顾问的业绩相比，就像把一辆华丽的“法拉利”放在平庸的现代“索纳塔”旁边一样。如图3.2所示。

上图中的第一栏数字为1993年投资于指数基金的5万美元在2000年达到的数字，后面为各顾问选择主动式管理基金分别达到的数字。不可思议的是，也就是在7年之后，《纽约时报》中止了投资竞赛。或许是参加竞赛的投资大师们早已不堪羞辱。

“国际公民”更应该选择指数基金

如果你是澳大利亚人或英国人，你就可以选择先锋基金，他们已在这两个国家建立了分公司。作为一个非营利机构，先锋基金可能是世界上金融服务费最低廉的运营商，而指数化产品又是他们的专长。

如果你来自其他国家，或者是一个在海外就业的“国际公民”，同样有适合的指数基金供你选择，具体产品稍后再与你探讨。美国的主动式管理基金收费已经挺高了，但非美国主动式管理基金的平均运营成本却更高。在牛津大学出版社2008年进行的一项研究中，阿杰·霍拉纳（Ajay Khorana）、亨利·瑟韦斯（Henri Servaes）与彼得·图法诺（Peter Tufano）比较了包括预计销售费在内的各国基金成本。根据该项研究，主动式管

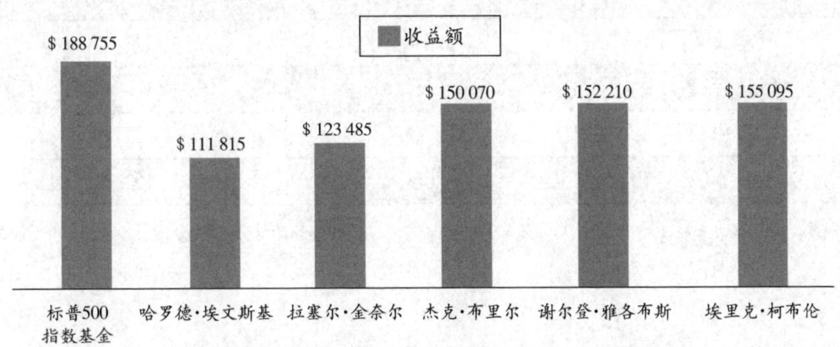

图3.2 《纽约时报》投资竞赛基金投资顾问与标普500指数收益对比（1993年7月—2000年6月）

理基金成本最高的国家是加拿大。但加拿大人还是幸运的，先锋基金正在筹划将其业务范围拓展到美国的“饱受苦难”的北方邻居那里。

在全球投资成本居高不下的情况下，为美国以外的国际公民提供指数产品变得极为重要，只有这样才能帮他们摆脱主动式管理基金的高收费。

表 3.2　全球主动式管理基金的收费水平

国　家	预计总费用率（%）（包括销售成本）	按主动式管理基金费用水平的便宜程度排名
荷兰	0.82	1
澳大利亚	1.41	2
瑞典	1.51	3
美国	1.53	4
比利时	1.76	5
丹麦	1.85	6
法国	1.88	7
芬兰	1.91	8
德国	1.97	9
瑞士	2.03	10
奥地利	2.26	11
英国	2.28	12
爱尔兰	2.40	13
挪威	2.43	14
意大利	2.44	15
卢森堡	2.63	16
西班牙	2.70	17
加拿大	3.00	18

资料来源：“全球主动式管理基金收费水平”（Mutual Funds Fees Around the World），牛津大学出版社，2008 年。

你掌握“致富黄金法则三”了吗?

1. 什么是“致富黄金法则三”?

◆ 最大限度地减少你的投资理财成本，使资金收益最大化，提高财富的积累几率和速度。

◆ 主动式管理基金理财专业人士的利益是与投资者的利益相冲突的，你一半以上的利润都跑到他们腰包里了。

◆ 把数额可观的基金管理费、年费、交易成本、销售佣金和税收考虑进你的投资账户，并尽可能地减少和避开这些费用。

务必远离理财服务行业，尽量投资于指数基金——沃伦·巴菲特。

算上各种“看不见”的理财费用，大多数主动式管理基金的表现都明显低于指数基金。

2. 怎么运用“致富黄金法则三”?

◆ 躲开理财顾问的“糖衣炮弹”，拒绝投资主动式管理基金：其中的高管理费、佣金、年费、交易成本和税收将吞噬你大部分财富。

◆ 购买指数基金：低管理费、佣金极低、交易成本和年费几近零、税收极低。增加你的净资产，利用神奇的复利力量“利滚利、钱生钱”。

◆ 关注收益率，但把重点放到扣除各项费用后的税后收益，这才是你真正的回报率和最终的收益。

沃伦·巴菲特：专业理财经理不会给我们带来财富……持有普通股的最佳途径就是购买指数基金。

两位诺贝尔经济学奖获得者如是建议：实现股票投资组合多样化的最佳途径就是找到一个低费率的指数基金。

3. 为什么要掌握“致富黄金法则三”？

◆ 明白理财顾问为什么会极力推荐主动式管理基金，却对投资专家爱不释手的指数基金恨之入骨。大多数理财顾问是牺牲客户的利益，用客户的钱为自己谋利而已。

◆ 意识到主动式管理基金经理挑选“顶级主动式管理基金”纯属徒劳之举，他们不可能打败整体股市指数——指数基金在长期内的收益率比主动式管理基金高出 80%。

◆ 远离专业理财人士，捍卫自己的财富健康。

美国证券交易委员会原主席阿瑟·莱维特：不到 1% 的收费表面看起来很低，却可以轻而易举地让投资者在整个投资期内丢掉几万美元。

只要坚持节约，并有志投资于低成本、低税率的指数基金，你就完全可以用别人一半的成本，在自己的投资期内实现更多的财富。

MILLIONAIRE TEACHER

致富黄金法则四

远离盲目和贪婪，才能拥抱高收益

巴菲特为什么一遇到熊市就亢奋地购入?

买入的股票价格上涨了，为什么他却觉得很郁闷?

工资不高，花钱不少，你凭什么在财富上超过你那高收入的邻居?

商场打折你知道抢购，股票都跳楼价了你还不买?

Conquer
the Enemy
in the Mirror

我的弟弟伊恩是电影《搏击俱乐部》（*Fight Club*）的超级影迷，他最中意的是爱德华·诺顿（Edward Norton）扮演的男主人公泰勒被对手重重击在已经肿胀的脸上这一场景。实际上，泰勒斗争的对象就是自己内心的盲目和贪婪。大多数投资者都在和自己做着同样的斗争。

在很大程度上，这种内心世界的斗争来自于对股市的误解。我不敢承诺能够帮你揪出内心的那个魔鬼，但是，当你理解了股市的运行机制以及人类的情绪如何让原本百密无疏的计划泡汤时，你就能更深刻地体会到投资的成功与快乐。

保持理性，也就保住了 10% 的平均收益

不妨假想一只在过去 20 年内，扣除各项税费后的年均净收益率仍达到 10% 的主动式管理基金。在某些年，这只基金可能赔钱，而在另一些年份则可能赚钱。这种感觉有点像坐过山车，是吗？但在长期内，尽管有涨有跌，有直线有曲折，它还是实现了 10% 的年均收益率。假如你发现，1990—2010 年，有 1 000 名投资者始终投资于该基金，你就可以认为，他们每个人都获得了 10% 的年均净收益。

然而事实上，这些投资者往往不可能获得这样的收益。当某只基金连续几年业绩不佳时，大多数投资者的反应是捂紧钱袋，减少投资或者干

脆不投资。很多投资顾问也会在一旁煽风点火："这只基金最近的表现一直很糟糕。因为我们的职责是最大限度地维护您的利益，所以我们必须把您的资金转移到其他表现优异的基金。"而当这只基金表现超凡时，大多数投资者和理财顾问则会手忙脚乱地往里投钱，就像馋猫围着大鱼喵喵叫一样。

在基金便宜时，抛出或是停止买进；当基金变贵了，反倒像疯子一样大肆购买。说到底，这其实是一种自我破坏性行为。由于这样做的人占绝大多数，我们不会认为这是一种"认知障碍"。长期来说，这种不理性投资行为必然会让投资者持有基金的成本超过平均水平。在这种情况下，不管是对于指数基金还是主动式管理基金，大多数投资者的业绩都会比他们所持有的基金本身的实际业绩还差，因为他们总是喜欢买高卖低。

曾被《财富》杂志称为"20 世纪四大投资巨人之一"的先锋基金创建人、总裁约翰·博格在《长赢投资》一书中阐述了这种行为。在 1980—2005 年，尽管主动式管理基金扣除费用和税款后的年均净收益率为 10%，但在同一时期，这种基金的投资者的年均收益率却只有 7.3%。熊市来了，他们畏缩不前，结果在低价时不买进；牛市到了，他们却忘乎所以，着魔般地在高价位持续买进。这种非理性的盲从行为必然为财务生活带来毁灭性结局：2.7% 的收益就这样从指间白白溜走了。

以 25 年来计算，这个习惯让他们付出了高昂的代价：

- 以 10% 的年均收益率投资 50 000 美元，在 25 年之后的投资价值 = 541 735.29 美元
- 以 7.3% 的年均收益率投资 50 000 美元，在 25 年之后的投资价值 = 291 046.95 美元
- 非理性行为的成本 = 250 688.34 美元

但是，如果你对股市当前状态完全置之不理，会怎样呢？

作为投资者，你确实没有必要把全部精力放在股市本身的阴晴圆缺之上。

假如你购买指数基金并持有25年，在这期间保持每月投入相同金额的资金，即采用所谓的“定期定额投资法”(Dollar-cost Averaging)，而该基金的平均收益率为10%，那么，你就可以实现10%甚至更高的收益率。

为什么能够实现更高的收益呢？这是因为，如果你每个月定期向该基金投入100美元，当基金价格上涨时，这100美元所能买到的基金份额数就会减少，但是在基金价格下跌时，它所能买进的基金份额数则会增加。

如何做到投入更少，收益更高？

大多数投资者的非理性行为，再加上主动式管理基金收取的高昂费用，很难能让他们在投资中获利更多。相较那些坚守原则、每月按固定金额投资于指数基金的理性投资者，他们的收益注定会大打折扣。表4.1比较了非理性投资者和理性投资者的投资情况，两者的投资期限同为5年及以上。

表4.1　非理性投资者与理性投资者的比较

非理性投资者	理性投资者
购买主动式管理基金	购买指数基金
在基金价格上涨时对自己的基金甚感满意，于是，开始进一步增持该基金。	按固定金额定期增持指数基金，并能理性地认识到，在股市上涨时应减少增持数量。
价格下跌时会感到难过，于是，会减少买进或是干脆抛出基金。	愿意看到股票指数价值的下跌，只要还有资金，就会进一步增持指数基金。

我并不是说，要规避恐惧和贪婪带来的自我摧毁作用，指数基金的投资者就必须对股市的起伏不定置若罔闻。但是，如果你能学会定期投资于指数，并且在牛市和熊市都能镇定自若，那么，你的财富注定会不断增加。在表4.2中，我们可以看到1980—2005年的实际投资收益案例。

表4.2左侧中的数字（84 909.01美元）或许还算是不错的结果。然而

表 4.2　非理性投资者与理性投资者的历史性差异（1980—2005 年）

非理性投资者	理性投资者
每月投资于具有美国股市平均收益水平的主动式管理基金100美元（相当于每天3.33美元），年均收益率为10%。	每月投资于指数基金100美元（相当于每天3.33美元），年均收益率为12.3%。
减去普通投资者自我破坏性行为造成的2.7%损失。	不存在因投资者行为造成的损失。
投资者在25年内的年均收益率7.3%。	投资者在25年内的年均收益率12.3%。
投资组合在25年后的价值为84 909.01美元。	投资组合在25年后的价值为198 181.90美元。

注释：尽管美国股市在过去 100 年内的年均收益率大约在 10% 左右，但它在个别时段内的表现也会超过这个水平，而在另一些时间段内则低于这个水平。

从历史上看，对于平均值主动式管理基金，10% 的年均收益率还是过度高估了，因为这个数字还没有考虑销售费、顾问的打包费以及应纳税账户可能带来的纳税负担。

而投资于指数基金的理性投资者绝对不会糟蹋自己口袋里的钞票，因此，在 25 年之后，其投资组合的价值就轻而易举地达到普通投资者的两倍。

关注这些小细节，你就能凭借中低收入者收入水平，更加轻松有效地积累起比你那高收入的邻居更多的财富。

在花钱时三思而行、量入为出，对于中低收入人群更是尤为重要。即便邻居每个月拿出两倍于你的钱投资，只要他们不是理性投资者，就有可能买进主动式管理基金，还会追捧热门基金或在市场不景气时放弃定期投资。

在价格居高不下时，他们会惊喜若狂，乐此不疲地大举买进；在价格大跳水时，他们却止步不前。这听起来很荒唐，但他们总是这样做的。

我当然不希望你像你的邻居那样白忙一场。只要规避这种自我破坏性行为，你就更有可能成为一个真正的投资者，你实现财富之梦的可能性也会大大增加。

股市的走势你别猜

有些所谓的“聪明人”总是自以为是地认为，他们可以看准时机，在合适的时候进退自如。这听起来似乎很简单。在市场上涨前买进，在市场下跌前卖出。这也就是所谓的“市场时机投资策略”（Market Timing）。不过，对大多数理财顾问来说，他们帮你的投资账户择准时机适时低买高卖的概率，可能还不如他们在网球赛中击败最伟大的选手之一罗杰·费德勒（Roger Federer）的概率来得高呢。

先锋基金总裁约翰·博格对市场时机投资策略如是评价：

> 我在投资行业做了将近 50 年，真的没有听说过有谁能一直成功地择准时机低买高卖。我甚至都没有听说过有谁见过或是知道这个行业里存在这样的人。

当市场近乎疯狂的时候，频繁进出确实很刺激，而且也很诱人。但股市本身是极端非理性的，具有显著的短期波动性。在形势乐观时，股市的疯狂高涨往往会超过绝大多数人的想象，而在经济衰退时，它又有可能一落千丈，让大多数人跌破眼镜。

因此，要保护你的财富免受股市暴跌的摧残，你可以采取一种简单、近乎程式化的策略（这种策略我们将在法则五详细探讨）。在熊市来临时，虽然这种策略不能完全阻止你的投资遭遇贬值，但肯定不会让你像你的邻居那样跌得凄惨。即便股市不给力时，这种方法依旧可以让你吃得香，睡得好。

我在法则五即将向各位介绍的策略，根本就不需要枉费心机地去猜测市场走向。预测市场的短期动态，就像猜测哪只狂躁的扑灯蛾最先被电灯泡烤干一样。

除了始终持有涵盖整个股市的指数基金之外什么都不做，这听起来似乎有点荒谬，因为它在经济高涨期会让你躁动不安，而在经济衰退期则会让你提心吊胆。但实际上，大多数始终试图把握时机、适时进出投资的投资者，包括那些所谓的专业人士，只不过是在让情感判断破坏了原本属于自己的利润：因为他们一直高买低卖。

股市像狂躁的小狗，你永远不知它跑向何方

研究显示，大多数市场走势就像你去年遭遇的一场流感，或是在衣服口袋里意外发现的一张 10 美元钞票一样，你根本就不知道它们从何而来，何时到来。宾夕法尼亚大学沃顿商学院的杰里米·西格尔教授指出，即便回顾股市上的重大历史时刻，人们也根本找不到任何规律或迹象来表明它们何时会成为市场现实。他对 1885 年以来股市经历的全部重大变动(以单日大盘指数振幅达到 5% 的交易日为标准）进行了研究，并试图把这些股市大波动与历史重大事件联系起来。

但是在大多数情况下，他还是无法对股市的这些重大变动作出符合逻辑的解释。西格尔教授还算是幸运的，他有机会回顾股市历史，将市场行为与重大历史事件一一对照。既然像他这样的智者都不具有在重大历史事件和股市运动之间找到蛛丝马迹的“后见之明”，那么，让普通人依据经济事件去预测市场未来动态又从何谈起呢？更不用说去预见即将到来的经济大势了。这就像站在空地中央解开一只狂躁的 10 个月大拉布拉多猎狗的缰绳，猜测它下一步会跑向哪个方向一样，是不可能的。

如果有人想说服你根据他的短期股市预期进行投资，那最终的结果就极有可能是一场代价高昂的悲剧。我们不妨以 1982 年 1 月 1 日至 2005 年 12 月 31 日的美国股市为例。

在此期间，美国股市大盘年均上涨 10.6%。但假如你在涨幅最大的 10 个交易日里均没有投资，你的年均收益率就会降至 8.1%。如果你错过涨幅最大的 50 个交易日，你的年均收益率就只有区区的 1.8% 了。市场变动往往是没有任何先兆的，转瞬即逝，不可预测。如果你在某一天、某个星期、某个月或是某一年退出股市，那么，或许就会错过这 10 年中收益最大的那一天或几天。你或许今生今世都没有机缘与它们再相逢了。

事实就是如此。更重要的是，就像我在前面所说的那样，无论是你自己还是你的经纪人都不可能未卜先知。

富有传奇色彩的投资大师、白手起家的亿万富翁肯·费雪（Kenneth Fisher）一直在《福布斯》杂志开设专栏，他对市场时机投资策略是这样评价的：

> 永远不要忘记市场的变动会有多快。你每年的收益或许就来自市场的几次重大变动。你知道这样的日子会在哪一天来临吗？我肯定不知道，虽然我从事投资已经足足有 1/3 个世纪了。

要打造合理的多样化投资账户，最简单的方法就是借助于股票及债券指数基金。我们将在法则五讨论债券指数基金，但是在这里，我们只是把债券作为维持组合稳定的一种工具。很多人觉得债券有点乏味，因为它们不会产生股票那样高的长期回报。但债券也不会像股票那样轻易贬值。债券的价值更稳定，价格变化更缓慢，因而也是投资组合中最值得信赖的组成部分。

在一个合理的投资组合中，必然要有一部分资金投资于股市，一部分资金投资于债券市场，随着投资者年龄的增长，对债券的重视程度也应该逐渐增强。

但是在股市进入加速上升阶段时，每个人都会对股价上涨带来的盈利欣喜若狂，如痴如醉，此时，大多数人都会对他们的债券（假如他们已持有债券）置之不理，不遗余力地买进更多股票，甚至连很多理财顾问都会成为这种诱惑的牺牲品。但他们这种将预设的股票与债券分配比例丢在脑后的做法，恰恰为自己铺好了通往灾难的道路。

我们怎样才能确保自己不会成为这种错误的受害者呢？其实，这远比你想象的要简单得多。如果你确实了解股票，并知道自己期望从中得到什么，那么，你的成功几率就会大大增加。

简单来说，股市实质上就是企业的集合体，而非仅仅是报纸上的波形线或是股票报价。**在你持有一只股市指数基金时，你实际上就已经拥有了和脚下土地一样真实可靠的东西**。借助于指数所包括的公司，你已经成为所有行业和企业的间接所有者，比如说土地、建筑物、商标权、机器设备以及运输系统等等。只要认识到这一基本概念，就足以让你在无数投资者中先行一步。

尽管企业收入与股票价格的增长是相互独立的，但它们在长期内的走势，注定要反映相同的结果。例如，一个企业的利润在 30 年内增长了 1 000%，那么我们就可以预期，这家公司发行的股票价格将在同期内实现相近的增值。

股市指数与此相同。如果指数中所有公司在 30 年内的平均业绩增幅为 1 000%（相当于 8.32% 的年均增长率），那么，股市指数在同期内就应该实现相同的增幅。我们可以认为，长期来看，股市注定要反映出市场中所有企业的业绩表现。但是在短期内，股市可能会像一只撒野的疯狗一样，毫无理性和规律可言。如果你对此听之任之，这只疯狗可能会拽着你一步步走向贫困，离预想中的财富越来越远。

理财故事

股价就像被拴的小狗，怎么跑也跑不远

我曾经养过一只叫“苏”的小狗，每次给它喂食我都误以为自己喂的是火箭燃料，而不是狗粮。在庭院里玩的时候，只要主人一背过身，它就会上演《越狱》桥段，跳过 5 英尺（1 英尺约等于 0.3 米。——译者注）高的篱笆，把隔壁家的花园搞得一塌糊涂。这让我们和邻居的关系变得非常紧张。

当我带着“苏”到野外散步时，它的马力总是开得足足的。我只顾闷头慢跑，而“苏”则像没头苍蝇般四处乱闯，时前时后，时左时右。但因为有一根长长的绳子拴在脖子上，它无论怎样跑也逃不开我的牵制。

如果我牵着“苏”从湖边跑到仓库需要10分钟，任何明眼人都会意识到，“苏”跑完这段路也需要10分钟，因为它的速度完全依赖于我。的确，在整段路上，“苏”时而远远地跑到我前面，时而落在后面嗅着其他狗留下的“礼物”，但无论如何，“苏”跑完这段路的时间不可能比我差得很多，因为我们之间有一根绳子。

现在，我们假设有一群非常情绪化的赌徒，他们的赌注就是这只被绳子拴住的“苏”。当它突然加速跑到主人前面时，赌徒们下注，赌这只狗会跑得很远。然而“苏”注定会慢下来或是停下来，因为只有这样，牵狗的主人才能赶上它。

但赌徒们却没有想过这一点。只要看到狗一路狂奔，他们就自以为是地下注，赌这只狗 会一直以这样的速度跑下去，而对牵狗的绳索视而不见。瞬间的贪婪占据了他们的全部思维，让他们头脑发热，忘却了现实的约束。但他们迟早还是会发现，被主人牵住的狗不可能把主人远远抛到后面。

这其中的道理显而易见，不是吗？股市就像是这只被绳子牵住的狗。如果股市在几年内的增长速度达到企业盈利的两倍，那么，它必然要等待企业盈利的增长速度赶上来，或是迅速下跌以实现同步。但股市的快速上涨却有可能让人们忘记这个铁打不动的事实。现在，让我们用一只个股来说明这一点。

“脱缰”的可口可乐股价终于停下来了

1988—1998年，可口可乐公司的经营利润增长了294%。在这个相对较短的时段里（的确，相对于股市而言，10年不过是弹指一挥间），可口可乐的股票价格则增长了966%。由于股价上涨过快，普通投资者和主动式管理基金经理们争先恐后地买进可口可乐股票，推动股价进一步上涨。贪婪或许是对人类最具有诱惑力的毒药。

从可口可乐的股票价格来看，这只狗已经把它的主人甩得太远了。理性的股价增长必然要回落至与利润相匹配的水平，对吧？如果可口可乐的营业利润从 1988 年到 1998 年增长了 294%，我们就可以认为，其股票价格的增长幅度应该与之保持同步，有可能稍快一点或是稍慢一点。但是，相对于 294% 的营业利润增幅，可口可乐的股价上涨 966% 显然就不够合理了。

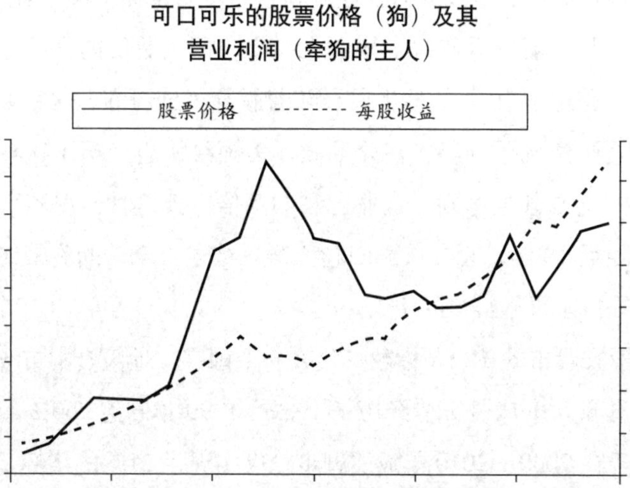

资料来源：价值线投资调查公司（Value Line Investment Survey）。

图 4.1　可口可乐公司的股票价格及经营利润

当扶摇直上的可口可乐股价让企业利润难以企及时，你能从图 4.1 中看到股价会发生怎样的变化吗？

这只狗最终要调转头来，亲昵一下自己的主人。在不可思议地超越公司利润长达 10 年之后，可口可乐的股价终于“回头是岸”。它必然会回落，只有这样，才能与公司利润相匹配。通过图 4.1 我们会发现，2011 年的股价远远低于 1998 年。

可口可乐的盈利增长速度与股价最终再次形成同步，如同狗与主人的关系一样。

你可以看看其他任何一只股票的收益增长情况。在较长时期内，股价可能会围绕企业利润呈现大幅波动，但归根到底还是不可能与企业利润彻底背离。为获取更多实例，你可以登录价值线投资调查公司网站（http://

www3.valueline.com/dow30/index.aspx?page=home）。这家美国市场调查公司在线免费提供 30 家道琼斯工业股的历史数据。

当疯狂的投资者遇见疯狂的股票，泡沫就会出现

可口可乐并不是唯一股价与企业盈利不同步的企业。20 世纪 90 年代末，全球股市投资者都兴高采烈地涌入股市，因为股价的上涨让他们感到动力无限。在这个 10 年的后半段，随着股价屡创新高，这种疯狂买进愈演愈烈，几乎达到了顶峰。在此期间，美国经济也经历了这样的强势增长，股价的增幅甚至达到了企业盈利的两倍，但这种情况不可能一直持续下去。随后 10 年，股市跌声四起，这只被主人牵着的狗最终还是要放慢脚步，等待走得慢得多的主人。

按发达国家股市的 MSCI 指数（代表一个国家、地区资本市场表现的股价指数）衡量，全球股市在经历了 1989—1999 年高达 250% 的疯狂上涨之后，终于在 2000—2010 年放缓脚步，仅实现了 21% 的增幅。

从长期来看，不管我们考虑的是可口可乐的股票还是股市指数，都有一个不可忽视的现实：**股市的价格增长将与股票所代表企业的盈利增长直接相关**。而从短期来看，市场供求是推动股价变化的力量。如果买方超过卖方，股价或股市指数将会上涨；如果卖家超过买家，股价则会下跌。当股价上涨时，人们会对自己的投资更加信心百倍，于是就会增持股票，推动股价进一步上扬。此时，人们受制于自己的贪婪，而对股价水平明显超越企业利润增长造就的泡沫置若罔闻。

股市涨跌：十年河东，十年河西

自有纪录以来，股市在每个历史阶段都至少会经历一次疯狂的涨跌。在表 4.3 中，我们可以看到，以道琼斯工业股代表的美国股市在过去 90 年中 3 个历史时期的表现。在每个 10 年内，我们都会看到股价水平明显超过企业盈利水平的情况，直到股价这只“狗”被“主人”抓住后，开始大幅回落为止。

表 4.3　股票价格不可能长期超越企业盈利水平

股票价格水平超过企业盈利水平的年份	企业盈利增长率	股票价格增长率	股价在随后10年内的跌幅
1920—1929	+118%	+271.2%	−40.9%
1955—1965	+50%	+98.5%	−9.3%
1990—2000	+152%	+290%	−0.17%

注：表中数据均不含股利。
资料来源：价值线投资调查公司。

1920—1929 年 10 年间，道琼斯成分股公司的盈利增长率达到 118%。但是在同一时期内，道琼斯成分股的价格则上涨了 271.2%，也就是说，如果投资者在 1920 年投资于全部 30 只道琼斯成分股，并一直持有至 1929 年，就会实现超过 271% 的总收益率，如果考虑股利在内则会接近 300%。由于股价上涨不可能长期超过企业盈利增长，因此，我们便看到，在随后的 10 年内股市遭遇 40.9% 的总跌幅。因为，被主人牵着的狗永远也不可能逃脱主人的约束。

在这 90 年内，企业盈利与股价增值之间失去关联性的其他两个 10 年期分别是 1955—1965 年以及 1990—2000 年。我们可以从表 4.3 看到这两个时段的具体情况。

如果投资者在 1990—2000 年投资宽基美国指数基金，那么，他就可以获得超过 300% 的收益率（包括股利）。但企业盈利是否也增长了 300% 呢？差得远了。这也是股市在 2000—2010 年大跌的主要原因。

而这些与你我有何关系呢？

因为这样的规律贯穿于每个 10 年。当股价大涨时，很多人就会不加思考地放弃其既定的被动式投资策略。市场上涨的速度越快，大多数投资者就会越发冲动。他们把越来越多的钱投入到股市中，对债券视而不见。

等到股市下跌或是停滞不前时，他们则会抱怨运气不佳。但其实这并不关运气的事，要怪也只能怪投资者丧失原则，或忽视了股市的基本规律。

盈利 150%？快躲开科技股泡沫！

股市投资的泰坦尼克号巨轮缓缓前行，驶入了 20 世纪 90 年代末的科技股狂潮期。对它来说，最危险的冰山，无疑是那些公司盈利与其股票价格背离最大的股票。

尽管很多以互联网为基础的企业并没有创造出辉煌的利润，但媒体的疯狂吹捧与硅谷的财富故事，让他们的股票价格扶摇直上。大多数科技股的投资者根本没有意识到企业盈利与股票价格之间有直接的关联，更不知道一个企业每年实现 150% 的盈利率根本就是不切实际的，也不知道无论什么企业，都能年复一年地创造这样的奇迹本身就是一个奇迹。

结果可想而知，如果企业不能每年都实现 150% 的平均收益率，那么，他们的股票也不可能做得到。

当时，很多国际知名金融分析师都曾不遗余力地为科技股浪潮推波助澜，其中包括摩根士丹利的玛丽·米克尔（Mary Meeker）、美林证券的亨利·布劳吉特（Henry Blodgett）以及所罗门（Solomon Smith Barney）的杰克·格拉波曼(Jack Grubman)。但是现在他们已经不再露面了。就我所知，20 世纪 90 年代的那些顶级互联网股票分析师们，现在正躲在亚热带丛林里保全自己，躲避某些疯狂追杀者的搜寻。不过当时，他们可是悠闲地在危机四伏的股市中坐享其成，享受网络股泡沫带来的好处。

即使是那些没有盈利的互联网公司，其股价都曾牛气冲天，而他们通过媒体发出的声音又如同火上浇油，令投资者的热情越烧越旺。米克尔、布劳吉特和格拉波曼当时做的唯一一件事，就是不断鼓励普通投资者“买进、买进再买进”。

这一时期与此前股市泡沫的一大区别在于此次泡沫的膨胀速度更快，因为互联网本身就是快捷高速的通讯工具。

但是，二者之间也不乏共性，那就是投资者“这次不同于往次”的侥幸心理助长了泡沫。

在每个股票价格与收益水平相脱离时期，都会有很多人自欺欺人地以为，历史将会重新谱写，股价不必反映收益，所有被主人牵着的狗都能变异，长出翅膀，带领大批加拿大的天鹅一路南下，直奔佛罗里达。但这些都是想象。

事实是，长期来看，股价必然要反映企业利润。如果它们不能反映企业盈利状况，那麻烦就来了。

即便是世界头号科技公司的股票，如果完全置实际的经营利润于不顾，都会以吐血大甩卖的惨局收尾。如表 4.4 所示，当冰冷惨淡的利润收紧缰绳，将股价这只小狗拽个嘴啃泥的时候，那些对“利润增长与股价增长直接相关”的股市圣经视而不见的人，最终会赔得连裤子也不剩。

在表 4.4 中，我们可以看到，如果投资者在 2000 年投资于新千年超级热门科技股 1 万美元，他们将在随后的股市大跌中遭遇灭顶之灾。

表 4.4　投资者遭遇怎样的惩罚

昔日的热门股	2000年市场顶峰的价值	2001—2002年市场低谷的价值
亚马逊网站（Amazon.com）	$10 000	$700
思科系统（Cisco Systems）	$10 000	$990
康宁公司（Corning Inc.）	$10 000	$100
捷迪讯光电（JDS Uniphase）	$10 000	$50
朗讯科技（Lucent Technologies）	$10 000	$70
北电网络（Nortel Networks）	$10 000	$30
价格线（Priceline.com）	$10 000	$60
雅虎（Yahoo!）	$10 000	$360

资料来源：晨星集团及伯顿·G. 马尔基尔，《漫步华尔街》。

在互联网泡沫尚未破裂之前，财富的故事曾让所有投资者和基金管理公司如痴如醉。

主动式管理基金公司为了创建可以兜售给投资者的科技股基金而忙得不亦乐乎。当然，它的工作并不是为你我创造财富，而是为公司所有者或股东创造财富。坊间曾流传一句话："华尔街能卖什么，他们就会去卖什么。"在这种情况下，新推出的科技股主动式管理基金就像是油箱几乎没油的豪华客机的头等舱票。当飞机冲入云霄时，乘客们还在傻笑，浑然不知燃料马上就要彻底耗尽了。

不幸的是，很多中低收入家庭也迫不及待地挤进了这架即将坠落的飞机。当飞机撞击地面的时候，这些投资者便"砰"地一声倾家荡产。

在这场空前的互联网股票大骗局中，几乎没有几个玩家能全身而退。可以想象，在这个不可思议的时代里，无数人曾登上财富金字塔顶端，或是接近顶端。于是，无论是普通投资者还是专业投资家都一厢情愿地以为，财富在几个月里增长4倍的故事绝非天方夜谭。但没有一个人知道那个"顶端"到底在哪里，于是人们前赴后继地疯狂涌向科技股，追逐那个藏在云中的顶端。

理财故事

我在科技股狂潮中马失前蹄的惨痛教训

如果说，在那个时候，我能够就对科技板块敬而远之，那我是在撒谎。1999年，即便是我也忍不住买进当时最热门的科技股之一：北电网络。

尽管买进这样的股票绝对是愚蠢之举，但看着朋友们由于坐拥科技股而赚得盆满钵满，自己却在靠兼职赚点辛苦钱，我心里的确不是滋味。疯狂已经无处不在，我也无法独善其身。虽然对这家公司一无所知，但那时的我也早已不在意，兴冲冲地跟着大多数人买进。

等到后来，当终于有时间浏览北电网络的年报时，我才发现，这家公司从1996年便已经开始亏损，而且逐年加大。但我不在乎这些。尽管公司的业绩令我不安，但它的股价依旧在疯涨，我当然不想落在后面。

更糟糕的是，自1996年以来，北电网络的亏损情况一直在逐年恶化，而公司股票的价格却背道而驰：一直在涨。此时，我手里的股票已经达到了83美元！当北电网络的股价飙升至118美元的时候，我已经获得了42%的盈利。我真有点后悔没有早点搭上北电网络这班奔向财富的火车，而能在这么短的时间里赚到这么多钱又让我简直难以置信。由于钱赚得太轻而易举了，直觉告诉我，适时抛出或许才是明智之举。于是，我在118美元的价位上全部卖出。

假如故事到这里圆满结束就好了。但我刚刚出手这只股票，它便立刻攀升到了每股124美元的新高。

之后，我在一位分析师的报告中看到，北电网络的股票在年底前即可涨至150美元。我到底干了什么呀？居然在118美元就抛出了？

很快，北电网络股票便再次创下120美元的新高。于是，我就像傻瓜一样，再次买回我已经卖出的股票。我热切地看着这只狗，但却忘记了主人手里牵着的绳索。

几乎一眨眼的工夫，北电网络的股票开始如自由落体般直线狂跌，先是下跌至100美元，随后是80美元，接着是50美元……。突然之间，人们嗅到了危险的味道。

最终，我在48美元的价位上甩卖了这只股票，几乎亏掉了最初投入的一半资金。我因为买进了一只碰都不该碰的股票而惹火烧身了。尽管它曾一路疯涨，股价冲天，但公司本身毕竟早已入不敷出，已经好久没有赚到一分钱了。

但我还算是幸运吧，今天，这些股票几乎已经一文不值。但我的很多朋友还一直把它们留在手里。

当我们回头再去反思那段故事的时候，我们会发现，贪婪和盲目已经让我们利令智昏，那是一种何等的悔恨与羞辱啊！

下跌的股票就是打折商品，赶快抢购吧

购买整体股市指数基金没什么好担心的。只要你能在别人心惊肉跳时适当贪婪一点、在别人贪得无厌的时候谨小慎微一些，你就可以在自己的投资组合中加入一点火药来刺激刺激。根本就没有必要对投资新闻或是所谓的市场趋势唯唯诺诺。你只需充分利用投资组合的定海神针——债券。

2001 年 9 月 11 日，当恐怖分子劫持两架飞机并撞击纽约世贸中心双子楼时，灾难让美国人的心中充满了惶恐与悲痛。在两座大厦倒下之后，股市暂时关闭。近 3 000 人在这场恐怖袭击中丧命。

但是长期来看，这次恐怖袭击到底会对美国企业的盈利带来哪些影响呢？尽管这是一场史无前例的灾难，但它不可能对可口可乐汽水、麦当劳汉堡包或是西夫韦百货（Safeway）的全球销量造成永久影响。美国人已经恢复平静，因此，他们的企业也很快重上正轨。

但是，当股市在恐怖袭击之后再度开盘时，美国公司的股价却直线下滑。

很多投资者并不认可股市代表着企业盈利这样的事实。恐惧和贪婪决定了股市在短期内是非理性的。但是，如果把市场看作企业的集合，而不是图表上的波形线或是报纸上的股票报价，那将有益于你积累财富。当企业利润与股票价格相脱离时，那就是你发财致富的机会。

“9·11”事件后的股市恰好与 20 世纪 90 年代末的股市相反。尽管股价像足球大的冰雹一般往下掉，但企业盈利几乎没有受到任何影响。

当纽约证交所在“9·11”事件后再度开盘时，或许应该用霓虹灯打出一个巨大的标语：“今天股票大甩卖”。当天，美国股市的开盘价格比前一个月直线下跌了 20%。于是，我把所有的钞票搜罗到一起，一股脑地投入股市，就像一个匆匆忙忙的购物者，到即将停业的商场抢购便宜货。投机者对这样的形势恨之入骨，因为他们担心股市会因此而进一步下跌。但真正的投资者从来就不会这么想。他们更担心市场 20 年后会怎样，而不是下个星期。只在乎不远的未来，会让股市没商量地牵着你的鼻子走。

当“股市大甩卖”时，抢购去

沃伦·巴菲特曾在1997年致伯克希尔-哈撒韦股东的信函中发布了一个小测验。如果你确实能通过这个测验，那么，你就能在股市一帆风顺。但大多数投资者和理财顾问都会在这个测验上栽跟斗，这也是大多人只能沦落为拙劣的投资者的原因之一。巴菲特在信中写道：

> 如果你打算一辈子靠吃汉堡为生，但自己又没有养牛，那么，你是希望牛肉价格上涨还是下跌呢？
>
> 同样，如果你打算隔三差五地给自己换车，但自己又不是卖车的，那么，你是希望车子的价格上涨还是下跌呢?

显然，这些问题不辨自明。现在重要问题就来了：假设你想在未来5年内存够一笔钱，那么，你希望这期间的股市是涨还是跌呢?

很多投资人可能会在这个问题上出错。尽管他们在未来若干年内会成为股票的净买入方，但是，当股价上涨时，他们还是会感到欣喜若狂，而在股价下跌时则会沮丧万分。实际上，他们兴高采烈的原因居然是他们去买汉堡时，发现汉堡正在涨价。

这样的反应毫无道理。因为只有那些准备在短期内卖出股票的人才应该感到高兴，而那些准备买进股票的人显然应该希望股价下跌。

我们不妨把股市看作塞满永不变质的商品的杂货店，那么，在降价时多储存一些这样的商品绝对不是什么坏主意，因为价格迟早会反弹。

如果你想购买罐装蚕豆，而杂货店正好打八折促销，你就有得选择了。你可以静观其变，看看下一周的价格是不是还会更低，或是当机立断，先买上几罐再说。如果价格在随后一周里继续下跌，你还可以再多买几罐。但假如你只是原地不动、等着更便宜的时机，那么，你可能就会错过真正的便宜货。因为，大减价可能已经结束了。**下跌的股票就是你在超市里看到的打折商品**。我将在随后向你介绍如何利用这样的机会。

理财故事

“9·11”后，我投资的股票上涨，我却很郁闷

当股市在“9·11”之后再度开盘时，我是从哪里筹到钱来“大抢购”的呢？我卖掉了手里持有的部分债券。我所运用的只是程序化的投资策略，并未额外花什么心思，这种策略我们将在法则五具体介绍。

不幸的是，我在 2001 年 9 月投进股市的资金，在几个月内便实现了 15% 的收益率。(即使经历了 2008—2009 年的全球金融危机，到 2011 年 1 月时，这些资金包括股利升值已超过 55%。）这可真让我郁闷。你看得没错，发现我投资的股票上涨，我居然郁闷了！

“9·11”之后，我希望股市能在较低价位上保持稳定。这样，我就可以在几年的时间里连续买进“打折”的股票。这就像是一只被长长的绳子牵着的狗躺下来睡个懒觉，而我就赌它最终会醒来，然后飞也似的追赶正在疾步快跑的主人。

牵狗的绳子越长，狗睡觉的时间越久，我就可以在这只狗的身上下更多赌注。等到小狗飞奔追赶自己的主人时，我就可以跟在后面收获回报了。遗憾的是，股市并没有在低价位上徘徊很长时间。

当然，并不是每个人都喜欢下跌或是停滞不前的股市。对此，我得向那些退休者表示歉意。假如你已经退休，那么，你无论如何都不会喜欢熊市。没有了薪水进账，你将无力再承担股价的下跌。而且，要支付生活费用，你就必须每年打折变现一定比例的投资。

只要是能在 5 年或更长时间里继续扩大投资组合的年轻人，就应该对股市的下跌额手相庆。2001 年，当“9·11”的恐惧导致股市非理性下跌时，我曾认为这是百年不遇的机会。暴跌的股市就是赏赐给工薪族的一顿大餐，而这样的机会绝不是每天都会有的。但出乎我意料的是，另一个机

会却在 2002—2003 年再次降临我的头上。如图 4.2 所示，在美国宣布对伊拉克发动战争之后，股市足足比 2001 年的最高点下跌了 40%。

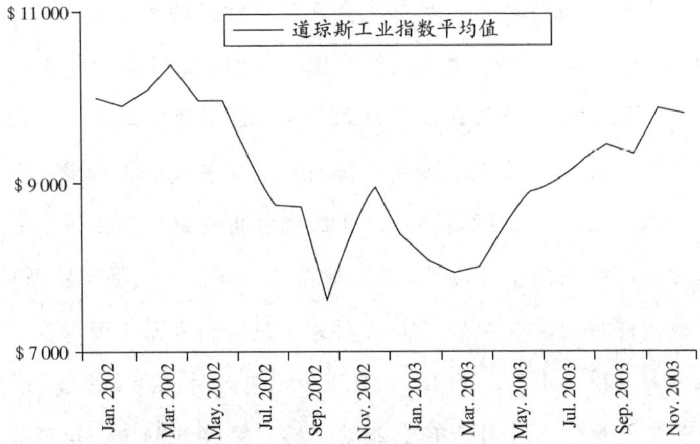

资料来源：Yahoo! 以道琼斯工业指数代表历史价格。

图 4.2　美国股票超级大甩卖

那么，美国企业的平均利润额是不是也减少了 40% 呢？百事可乐、沃尔玛、埃克森美孚石油以及微软这样的企业是否也会遭遇盈利下跌 40% 的窘境呢？即便是在那个时候，我也很难找到几个人相信这些超级企业会遭遇如此困境。

但有一点却千真万确：美国公司的股票确实是在按六折的价格在股市甩卖。这让我垂涎不已。我暗暗希望这一次股市稳定下来，如果可能的话，最好在低位上徘徊几年。这样，我就可以为那只即将飞奔追赶主人的狗布下足够的赌注。

理财故事

2008，我在熊市“血拼”的日子

我不够走运，由于不知道股市到底会降到何种程度，在市场降至最低谷时我没买进股市指数。但这并没有给我带来多少影响。只要“下跌 20%”的小旗子在我面前挥舞，我就会及时笑纳。股市持续下滑，而我也在不断增持。如果我还能找到一份额外工作，让自己多赚一点钱的话，我肯定会在股市打折的时候再多买一点股票。但出于各种原因，大多数投资者都在做着他们最本能的事情：当股价下跌时惊慌失措，反应激烈；在本应买进时卖出，然后对着一步步上涨的股票垂涎欲滴。他们将“股票代表了对现实企业的所有权”这一事实抛之脑后，竟然对打折销售忧心忡忡，并一心希望自己很快就可以买到更贵的股票！难道你不觉得奇怪吗?

我同样希望股市能在 2003 年继续下跌，或者至少可以在当时低价位上再徘徊几年，这样，我就可以趁着好时机再多吃进一点。

但事与愿违。美国股市在 2002—2003 年便开始了一轮强势反弹，这让我大失所望。这轮反弹一直持续到 2007 年，仅仅在 4 年的时间里便从最低点上涨了 100%。退休人士或许会为此欢欣鼓舞，但我却欲哭无泪：超级市场的跳楼大甩卖终于结束了。

2007 年，股市持续飞涨，而我一分钱都没往自己的股指基金里加。我开始转而购买债券。根据一般经验，我应该根据自己年龄的增长逐年增加债券在全部投资组合中的比例。例如，在 37 岁的时候，我希望自己的投资组合中保持 35% ~ 40% 的债券。但是，由于股市在 2007 年持续快速暴涨，导致股市指数远远超过我此前设定的比例，使债券占有的比例远远低于总投资额的 35%。于是，我在 2007 年不得不卖出部分股市指数基金，并买进更多的债券。

2008 年，股市峰值比 2007 回落了 20% 左右，我原来的购股计划终于再次启动。图 4.3 显示出 2008 年股市的表现。从 2007 年开始，股市持续下跌，直至 2009 年 3 月份跌至新低，在此期间，我每月都会乐此不疲地从储蓄中拿出更多的钱投入股市。那种感觉就像畅游于苹果专卖店，货架上满满摆着的打折商品都是最新款的 iPhone。股票在 5 折大甩卖呢，而且还不需要排队抢购！为了买进更多股市指数基金，我不得不抛出一部分债券指数基金，但我对债券和股票的均衡分配原则始终没有动摇。

在股市下跌时，债券在全部投资组合中的比例就会明显高于35%，卖出一部分债券指数基金，买进更多股市指数基金，同样是为了让我的投资组合回归预期的分配比例。

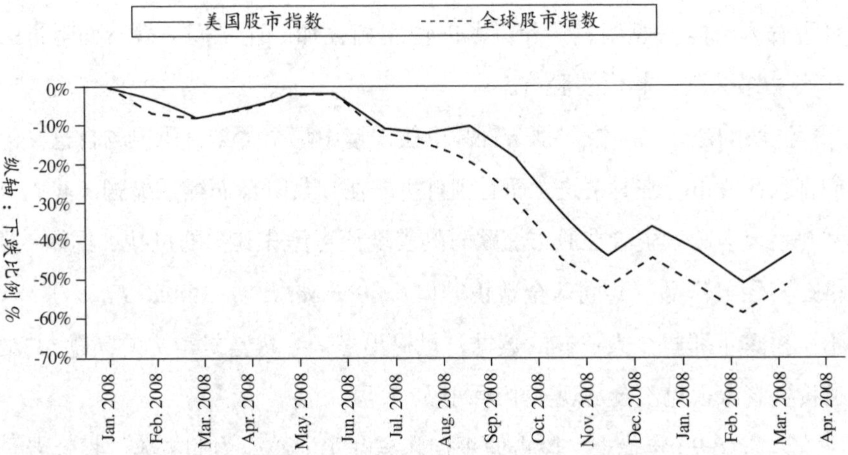

资料来源：先锋基金针对全美及全球基金的历史价格。

图 4.3　全球股票市场的销售情况（2009 年 2 月—4 月）

随着股价的大幅下跌，我对巴菲特在 1974 年接受《福布斯》杂志采访时曾说过的话终于有了深刻体会。他说，面对大幅下跌的股市，他感觉自己就像一个性欲旺盛的小伙子，突然掉进阿拉伯后宫的美女堆里一样。

同样的问题又来了，2008—2009 年的经济衰退是否侵蚀了美国企业的利润呢？当然，某些企业确实有所损失，但并非全部。如果股票价格下跌 50%，只有企业利润同步或预期下跌 50% 才能证明其合理性。而对于股市，投资者的恐惧和贪婪却可以带来非理性的价格水平。2008—2009 年，当熊市来临时，我真祈祷股市能在低价位上再多维持一段时间。

显然，祈祷是股市上最没有效果的事情，股价的上涨或许就是对我的惩罚。从2009年3月到2011年1月，美国股市指数整整上涨85%，与此同时，我始终持续买进的全球股市则上涨了90%。尽管我并不是那种轻易会垂头丧气的人，但我手里持有的指数确实是每个月都在升值。我可真是希望股市能维持低位运行呢。

大多数人还是无法充分利用市场短期大跌造就的致富机会。不过，财经电视频道不遗余力地散播有关金融领域即将崩溃的新闻，经济形势因持续恶化而显得异常艰难，而互联网更是肆无忌惮地发布市场悲观消息，种种耸人听闻的媒体宣传与刻薄的现实相叠加，让我们不得不面对过去10年中最为跌宕起伏的股市。

遗憾的是，大多数人都会轻易臣服于镜中那个贪婪、恐惧的自己。他们喜欢在股市上涨时买进，而看到打折的便宜货时反而缩手缩脚。我们只需观察大多数投资者在股市涨跌时的表现便可体味其中的奥妙。约翰·博格在其经典作品《共同基金常识》（*Common Sense on Mutual Funds*）中，不仅揭露了那些令人震撼的数据，也提出了一个极富雄辩力的问题："难道投资者永远也不会从现实中学习吗？"

20世纪90年代末，股市似乎彻底离开了地心引力的束缚，投资者史无前例地将大把钞票投进股市，导致股市主动式管理基金的资金陡然增加了6 500亿美元。之后，当股票价格在2008—2009年遭遇1929—1933年以来最大跌幅的时候，你认为大多数美国主动式管理基金投资者会采取怎样的对策呢？答案是，在他们本应倾情买进的时候，他们却抛出了超过价值2 280亿美元的股市主动式管理基金。

对于未来，唯一可以肯定的就是：我们注定将会再次面对不可预期的股市震荡。市场要么像坠落悬崖一般狂跌，要么如同火箭一样直冲云霄。但是，只要能认识到股市必然反映企业的盈利，我们就不会因为受到诱惑而去承受愚蠢的风险，也不会在市场下跌时而感到惊恐万分。**合理而均衡的股票与债券组合，不仅能让我们的投资账户更加坚实稳健，更重要的是，它能让充满股市的非理性为我所用。**

在法则五里，我们将详细探讨如何以最简单、最现实的途径实现这一目标。

你掌握“致富黄金法则四”了吗?

1. 什么是“致富黄金法则四”?

◆ 打败盲目和贪婪：你投资致富最大的敌人。

◆ 避免自我破坏性行为：熊市、基金便宜的时候抛出或是停止买进，而牛市、基金变贵时，反倒像疯子一样大肆购买。

大多数始终试图把握时机、适时进出投资的投资者，包括那些所谓的专业人士，只不过是在让情感判断破坏了原本属于自己的利润：因为他们一直高买低卖。

只要规避盲目地高买低卖的自我破坏性行为，你就更有可能成为一个真正的投资者，以投资实现财富之梦的可能性也会大大增加。

2. 怎么运用“致富黄金法则四”?

◆ 不必要把全部精力放在股市本身的阴晴圆缺之上，也没必要对投资新闻或是所谓的市场趋势唯唯诺诺。

◆ 建立一个合理的投资组合：投资股市指数基金 + 债券市场指数基金。采用“定期定额投资”法，并随着年龄的增长，增加债券市场指数基金的比例。

◆ 期待熊市，在股市下跌时，持续大举“血拼”“打折”的股市指数基金。

债券的价值更稳定，价格变化更缓慢，因而是投资组合的定海神针。让你在牛市和熊市都能做到镇定自若。

打造合理的多样化投资账户，最简单的方法就是借助于股市及债券指数基金。

理性投资者愿意看到股票指数价值的下跌，只要还有资金，他就会进一步增持指数基金。

3. 为什么要掌握“致富黄金法则四”？

◆ 人类的恐惧和贪婪决定了股市在短期内是非理性的。

◆ 股价不可能与企业利润彻底背离，它注定要反映出市场中所有企业的业绩表现。

◆ 投资成功的关键在于你的投资时间，而不是市场时机。

当你理解了股票市场的运行机制，以及人类的情绪如何让原本百密无疏的计划泡汤时，你就能更深刻地体会到投资的成功与快乐，更加轻松有效地凭借中低收入者收入水平积累你梦想的财富。

20 世纪四大投资巨人之一的先锋基金总裁博格，如是评价市场时机投资策略：我在投资行业做了将近 50 年，真的没有听说过有谁能一直成功地择准时机低买高卖。我甚至都没有听说过有谁见过或是知道这个行业里存在这样的人。

MILLIONAIRE
TEACHER

致富黄金法则五

备好“投资组合”降落伞，股市下跌稳着陆

2008 年股市大崩盘，众人惊慌失措，我为什么能坐享收益？

你的投资组合是“营养不良”还是“营养均衡”？

为什么说购买短期债券更划算？

年龄与投资比例有什么关系？

懒人如何比聪明人赚得更多？

Build
Mountains of Money
with a
Responsible Portfolio

在我还是个孩子的时候，经常听到大人说，“多吃球芽甘蓝，你就能长成身强体壮的小伙子。”

于是，我每天早餐都会吃上一大碗甘蓝，中午还要吃一盘，晚餐再吃一砂锅。每日 3 餐，每周 7 天，一顿不差。

如果大人说的是真的，按这种吃法，我现在或许已经长成一个带四肢的绿叶球。诚然，甘蓝肯定对我们的身体有益，但要想真正保持健康，光靠每天吃一大堆卷心菜是远远不够的。

同样的道理，整体股市市场指数基金肯定对你没有任何坏处，但它并不是均衡化投资组合的象征。

如果这就是你的全部投资，那么，你的投资组合就会随着股市震荡而波动起伏。如果股市下跌 20%，你的投资组合也会随之下跌 20%；如果股市下跌 50%，你的全部投资价值便减少 50%。

这对任何投资者来说都不是好事，尤其是那些接近退休和需要更多稳定性的投资者。

如果一个 60 岁左右的老太太打算以投资组合作为退休后的养老金，在股市暴跌时，眼睁睁地看着自己辛苦挣来的钱像掉进无底洞一般血本无归，她能安心吗？

但是，在股市价值被拦腰斩半的时候，只有那些不可靠的组合才会随之下跌 50%。这是因为股市下跌时，债券可以发挥降落伞的作用。

买债券，为你的钱保个险

“邦德”是电影里的英国特工“007”。他和各种各样的女人睡觉，永远死不了，每隔 15 年左右来一次大变身，以完全不同的面孔和观众见面。

债券（按约定利率定期支付利息并到期偿还本金的一种投资工具。——译者注）也和邦德一样极具吸引力，令人神往。

短期债券：为你的钱找一个安全的避风港

从长期来看，债券的收益能力不像股票那么高。但它们更稳定，波动更小。因此，当市场之神想以动荡取乐时，债券就可以保护你的投资账户中的金额不至于跌到谷底。

债券就是你对政府或公司发放的贷款。只要你的贷款对象依然健在，并且还有能力偿还你的贷款本息，你的资金就是安全而有保障的。

最安全的债券是高度工业化国家发行的政府债券。像可口可乐、沃尔玛、强生等大型跨国公司发行的公司债券的风险性则会略高一点。尽管风险较高的债券支付的利息也较高，但债务人还不起贷款的概率同样较高。也就是说，**公司债券支付的利息越高，与之相关的风险也越高**。

如果你想为自己的钱找一个安全的避风港，把它们投到短期政府债券或是信用等级较高的短期公司债券是比较好的选择。

为什么要选择短期债券呢？如果你购买的债券在未来 10 年内每年有 4% 的利息回报，那么，在此期间发生的通货膨胀就有可能会从你的饭碗里抢走一部分粮食。在这种情况下，你肯定会赔钱。当然，你每年还是可以拿到 4% 的利息，但假如你购买的早餐麦片每年涨价 6%，那么债券为你带来的那点利息就白白贡献给了你的早餐盒子了。

因此，购买期限较短的债券（如期限为 1 ~ 3 年的债券），要比购买期限较长的债券（如 10 年期的债券）更划算，也更明智。即使通货膨胀加剧，你的资金也不会被套牢 10 年之久。在短期债券到期时，你可以收回资金，之后，你就可以购买其他利率更高的短期债券。

这听起来似乎有点复杂,但不必担心。你可以购买一只政府债券指数，这样，你就永远也不必操心何时到期的问题了。在较长时期内，政府债券指数会根据通货膨胀率调整利率水平，因而具有保值功能，而且你可以根据自己的情况随时出售这些债券。这一点也不难。

债券是如何运作的?

关于债券到底是如何运作的，你其实根本没有必要知道。你只需购买一种政府债券指数，将其作为投资账户的一个临时组成部分。但假如你还是想知道，那好吧，我们可以用半页篇幅做一个简单介绍。

如果你购买5年期政府债券，所应得到的利息马上就可以计算出来，而且政府会为你做担保。比如说，你发给政府1万美元的贷款，政府首先要承诺按时归还你这1万美元。在这个过程中,假如每年的利息率为5%,那么，政府就要保证每年支付500美元的利息给你。

如果你想在5年到期之前卖出这笔债券，那么你只管卖就是了，不过债券的价格每天都有变化。你拿到手的就未必是1万美元了，有可能是10 500美元，也有可能是9 500美元。

在通货膨胀率和利率上涨时,债券价格就会下跌。如果你购买债券时,利率为5%，而年通货膨胀率为3%，此时债券就可以给你带来收益。但是，如果通货膨胀率突然上涨到5%，就不会有投资者愿意购买这种债券了，因为生活成本的上涨完全抵消了债券收益，不能让他们获利。但如果这种债券的价格下跌，就会给新投资者带来购买的动力，因为他们只需支付9 500美元就能买到你花了1万美元才买到的债券。当债券到期时,新投资者就能拿回1万美元。

如果利率下跌，就会有很多人想要收购你手里每年有5%回报率的1万美元债券。从而导致债券的市场价格上涨，可能会从1万美元上涨到10 300美元。

但有一点请注意,你的朋友收获的5%回报率是以1万美元为基数的,而不是他实际支付的10 300美元。债券到期时，他也只能收回1万美元。

你可以为自己的明智而自吹自擂，但他可就郁闷了。如果这位朋友像我老爸一样爱记仇，也许第二天早上，你会被他偷偷放进你鞋子里的猫粮硌了脚呢。

因此，债券交易市场存在的意义，就是用债券价格波动为投资者提供收益机遇。在这个市场上，同样存在着只关注某只债券的主动式管理基金。

调整投资组合，股市崩盘也可获利

如果你打算买进一只主动式债券基金，务必要记住这一点：由于自身的限制，它永远也不可能战胜债券型指数基金。对于后者来说，成本对其影响更大。

图 5.1 显示，2003—2008 年，收取销售佣金的主动式政府债券基金每年可以实现 3.7% 的平均收益率，而不收取销售佣金的主动式政府债券基金每年则能实现 4.9% 的平均收益率。同样，对于没有销售佣金的主动式股票管理基金，其平均收益水平也超过收取销售佣金的同类基金。

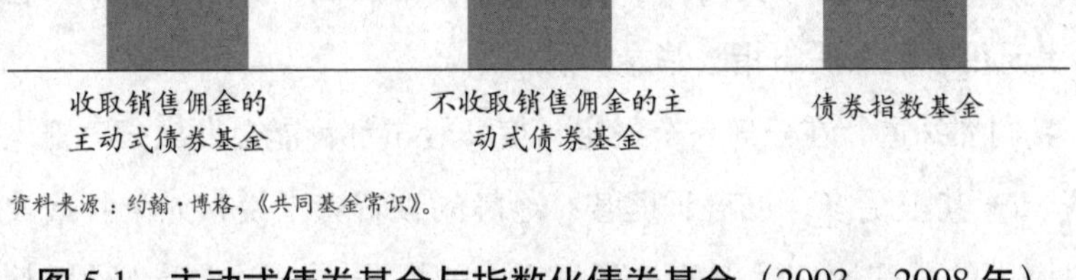

资料来源：约翰·博格，《共同基金常识》。

图 5.1　主动式债券基金与指数化债券基金（2003—2008 年）

而在同一时期内，美国政府债券指数的年均收益率为 7.1%。所以，无论购买股市指数基金还是债券指数基金都好，但千万别投资主动式管理基金，因为它所包含的隐形费用会让你的收益率大打折扣。

因此，保证投资账户中包含债券指数、国内股市指数和全球股市指数，将大大提高你的投资成功率。

债券在投资组合中到底应占多大比例？

股票和债券应在投资组合中各占多大比例才算合适呢？这个问题一直悬而未决，争论得比一个意大利家庭的重聚还要热闹。

经验表明，债券在全部投资中的比例应与投资者的年龄接近。某些专业人士建议这个比例是投资者的年龄减掉 10，但如果你想建立一个风险较高的组合，则可以用年龄减去 20 来确定债券比例。例如，一个 50 岁的人可以将投资组合中的债券比例确定为 30% ~ 50%。

在这里，常识或许比理论更重要。如果一个 50 岁的政府雇员想在退休时得到一份稳定的养老金，那么，他可以将组合中不到 50% 的比例分配给债券。他也可以承担更大的风险，以期实现更高的回报。尽管在短期内，股票收益并非总是超过债券，但是从长期来看，股票的收益却远远超过债券。也就是说，**当股市遭遇危机时，债券或许会成为保卫你的财富的秘密武器**。

让投资组合保持平衡

如果你每月可以往投资组合里增加 200 美元的话，那么，你可以将其中的 30%，也就是 60 美元用于购买债券指数基金，将其余 70%，也就是 140 美元用于购买股市指数基金。

我们都知道，在任何一个既定年度，股市都可能会发疯，动辄飞涨或暴跌 30% 甚至更多。但对于理智、冷静的投资者来说，如果股票或债券在组合中的分配比例过度偏离预先设定的标准，他们就会及时调整组合比例，以维持相应的平衡。

例如，如果一个 30 岁的投资者的投资组合中持有 30% 的债券和 70% 的股票，那么他的目标就应该是维持这一比例。如果股市在某个月暴跌，投资者就会发现其组合中的股票比例低于最初设定的 70%。那么，在向投资账户中增加资金时，他就应该把资金加进股市指数里。

如果股市在另一个月大幅上涨，股票在全部组合中的比例就会超过70%。这个时候，新增资金就应该加到债券指数基金里。

理财故事

2008—2009年，股市崩盘，我获利

当熊市来临时，大多数人会惊慌失措，而恐慌又会让股票进一步下跌。但冷静的投资者则会借此机会为未来的高额利润夯实地基。实际上，与2008年危机开始之前相比，在危机之后，我个人的投资组合反而大获其利。关键就在于：严格遵循维持债券与股票的特定比例的投资策略。如法则四所述，我在2008年金融危机来临之前，组建了一个债券比例为35%的投资组合，请参见图5.2。

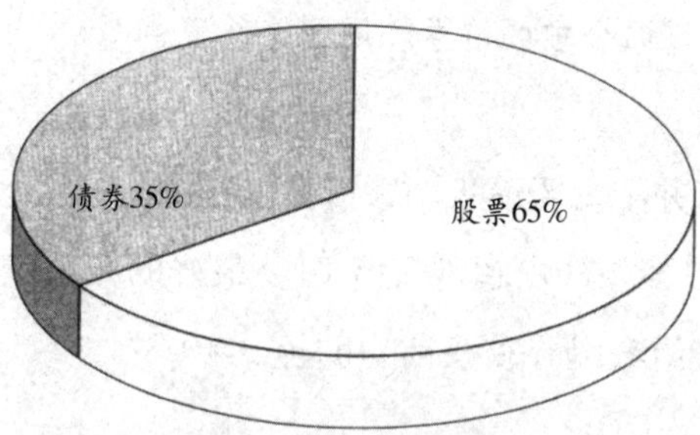

图5.2　我37岁时的投资组合

之后，股市开始下跌，我原来设定的债券比例逐渐脱离预定目标。我是按月进行定额投资的，因此在熊市开始时，为维持债券与股票的预定分配比例，我将追加资金全部用于增持股票及股市指数。但是，不管我在股市指数上增加多少投入，在2008年底到2009年初，股市还是持续下滑。

如图5.3所示，是我在2009年头几个月的投资组合情况。

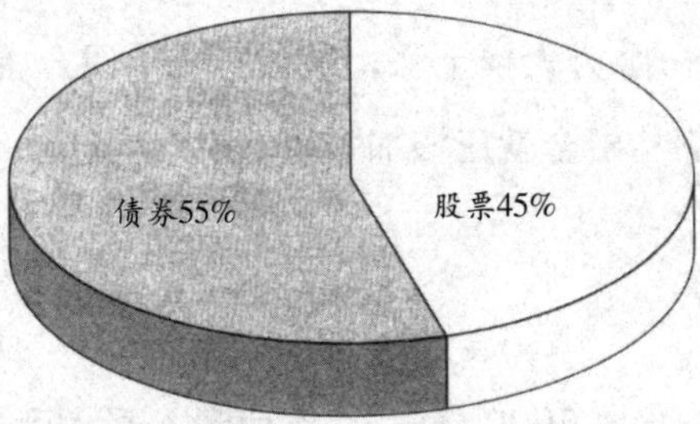

图 5.3 我 38 岁时的投资组合

尽管我每月不断地增持股票，还是无法让它在投资组合中的比例恢复到65%。于是，我不得不在2009年初出售一部分债券，以便恢复组合的预期分配比例。

我自然希望市场在低位上维持，但它总是不能随我所愿。当股市在去年底开始反弹时，我不得不再次调整策略，在几乎一年的时间里仅仅增持债券。由于我把债券卖掉买进股票，而股票的价值开始上涨，组合中的债券比例就降低了。

通常，投资者并不需要逐年调整债券与股票的分配比例。但是在股票彻底跌入低谷时，譬如跌幅超过20%时，最好的办法就是正视现实，并相应调整你的投资组合以寻求获利的机会。

把你的指数投资组合"全球化"

美国人应该更多地投资于美国指数；加拿大人应该将大部分资金投资于加拿大指数；澳大利亚人、新加坡人、英国人或其他任何已经建立了股市国家的公民也是一样。任何投资者的组合都应以本国的指数为代表。毕竟，让你的大部分现金保持日常消费时通用的货币的形态，是现实而合理的选择。

实际上，如果只考虑国内投资市场的话，你只需要在组合中增加政府债券指数基金之后，就可以收手了。

但包括我本人在内的很多投资者喜欢在自己的组合中增加全球化元素。美国股市总额仅占全球股市总额的45%，加拿大、澳大利亚、英格兰、法国、日本或中国等很多国家，也都有自己的股市。因此，充分利用全球股市的其他55%，同样会让你受益无穷。

从这一点来看，覆盖全球股市的指数基金是最符合要求的。

至于保持多大比例的国外股票比较合适，人们的意见不尽相同。为简单起见，你可以把投资于股票的全部资金在本国股市指数和全球股市指数之间平均分配。

在这种情况下，一位在短时间内无需考虑养老金问题的30岁美国投资者应为自己建立一个如图5.4所示的组合。

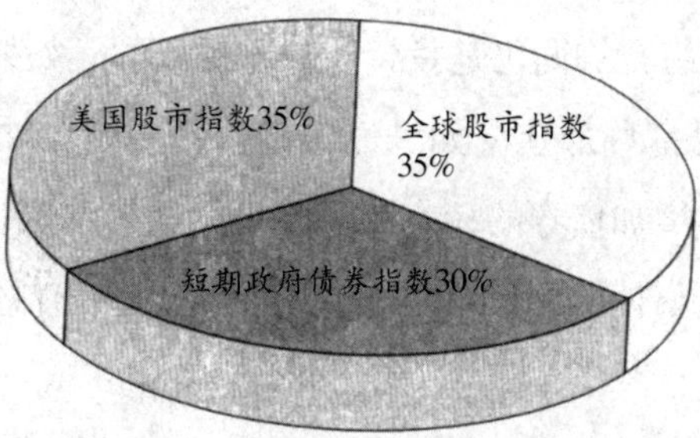

图5.4　投资组合的分配比例

如果按月进行等额投资，你需要兼顾本国股市指数和全球股市指数，并确定哪一种指数在上个月表现更佳。之后，你需要对新近表现不佳的指数增加投资，以保证你的投资账户接近预期分配比例。

但大多数投资者是怎么做的呢？我想你一定能猜得到。打个比方来说，他们就像签订了一份长期合同，按照合同约定，他们每天一起床就得把自己钱包里所有的钞票冲进马桶里。他们在高收益率指数上增加了不少投入，却不太关注低收益率指数。在整个投资期内，这样的行为可能会使投资者损失几十万美元。

在我的整个投资生涯中，全美国股市指数和全球股市指数的收益能力基本持平。自 1970 年以来，两者的收益差按复利计算还不到 1%。但是在个别时段,其中一个也会拖另一个的后腿。这就是我们可以利用的机会。

请注意，我的意思并不是要你紧紧跟在个别股票或者个别国外股市的屁股后面，也不是说，只要价格下跌就是赚钱的好时机。例如，某公司的股价下跌，投资者就不应该花钱填它这个无底洞。谁知道这家公司会怎么样呢？说不定某一天，它就像旧金山的大雾一样，说散就散。

同样，如果买进一个只针对某个国外市场的指数，譬如智利、巴西或者中国，就会让投资者承担较大风险。谁知道这些市场在 30 年之后会是什么样子呢？它们或许会强大依旧，但为慎重起见，最好还是分散你的投资风险，追随覆盖全球股市的指数（前提是你的组合涉及国外市场）。这样的指数不仅要考虑英国、法国和德国等老牌西方发达国家，也要考虑中国、印度、巴西和泰国这样的年轻新兴经济体。

当然，维持组合均衡仍是投资者的首要原则。如果全球股市在挥泪大甩卖，千万不要盲目加仓；如果你的国内股市指数和全球股市指数均大幅增值，就应该增加债券的持有量。如果你觉得有点复杂的话，那么在下一节，我将告诉你一个简单的策略：斯科特·伯恩斯（Scott Burns）的“懒人投资组合”。

“懒人投资组合”：一年只调整一次

作为《达拉斯早间新闻》（*The Dallas Morning News*）的前专栏作家，斯科特·伯恩斯目前就职于从事指数策略投资的美国资产管理公司AssetBuilder。在意识到主动式管理基金的弊端之后，伯恩斯提出了一种非常简单的投资策略：“懒人投资组合”。

“懒人投资组合”由相同比例的美国股市指数和美国债券市场指数构成。换句话说，如果你每月投资 200 美元的话，那么，就需要每月买进 100 美元的股市指数和 100 美元的债券市场指数。如果你懒得管，你每年只需调整一次组合的分配比例就可以了。具体做法如下：

在一年结束之后，检查一下自己的投资账户，看看你对股票或债券的投资是否过多。如果债券指数占有的资金过多，可以抛出一部分来维持比例平衡，然后再用这部分收入买进股市指数。如果股市指数占有的资金过多，也可以抛出一部分，并以这部分收入买进债券指数。

由于不会受到股市疯狂涨跌的影响，你每年都能实现一次低买高卖。

有 50% 的债券坐镇的组合显得极为安全。如果股市在某年下跌 50%，你的投资组合的贬值会少得多，这样，你就可以用出售债券指数的收入买进低估值的股市指数，从而使得投资账户的价值能够在 12 个月之后维持稳定。

尽管这种策略从本质上说偏保守，但是依赖它依然能够在 1986—2001 年实现 10.96% 的年均收益率。也就是说，这种策略可以用 15 年的时间把 1 000 美元变成 4 758.79 美元。

但是，即便让一只喝醉的猴子用投飞镖的形式在股票清单上选股，也能在 1986—2001 年赚到一大笔钱，因为在这期间，全球绝大多数股市均普遍大涨。而在刚刚过去的 10 年里，股市经历了过山车般的暴涨暴跌，并最终以大熊市而告终，很多股票投资者把这 10 年称为“失去的 10 年”，在这段时间里，指数化的“懒人投资组合”又表现如何呢？即使是刚入门的投资者，“懒人投资组合”策略也可以让他们在市场下跌期间依旧吃得好，睡得香，因为组合中较大比例的债券可以为他们提供保障。

2002 年，美国股市遭受重创，美国股市主动式管理基金的平均跌幅达到了 22.8%。换句话说，价值 1 万美元的投资将跌至 7 723 美元。但即便是在这灾难性的一年里，市场给“懒人投资组合”策略使用者带来的损失也不过 6.9% 而已。因此，按“懒人投资组合”策略投资的 1 万美元仅仅下跌至 9 310 美元。

从 2003 年初到 2008 年初，美国及全球股市指数均呈暴涨趋势，收益率分别达到 91% 和 186%。如果你在这 5 年里参与投资，不管把钱交给谁打理，你的组合价值都会出现指数级别的飞涨。但我们还是看看当代金融史中最黑暗的年份之一：2008年。

全球金融危机让股市遭受了沉重打击。当然，长期投资者也可能会暗自窃喜，因为低价位股票给他们带来了无限机遇，不过，我们最关心的还是普通美国主动式管理基金和“懒人投资组合”策略在这段时间内的表现如何。

如果你认为普通投资者可以安然度过这场暴风雨的话，那就大错特错了。表5.1表明，仅包括股票的主动式管理基金在2008年的平均跌幅为29.1%，相比之下，指数化“懒人投资组合”的跌幅却只有20.1%。那么，相当于主动式管理基金平均水平的主动式管理平衡基金又表现如何呢？

平衡基金不需承担常规主动式管理基金所面对的股市风险，它通常包括60%的股票和40%的债券。当2008年股市遭遇大熊市时，主动式管理平衡基金中的债券理应可以缓冲股市大跌的危害。但事实却并非如此。

2008年，主动式管理平衡基金的平均跌幅高达28%。那么，在将全部基金资产40%～50%分配给债券的情况下，主动式平衡基金的经理为什么还会遭受如此惨重的损失呢？唯一合理的解释就是恐慌。这种情绪使得他们在股市下跌时匆忙抛售股票。正如法则四所述，**任何人都无法预测股市的短期波动**。然而在美国，大多数主动式管理平衡基金经理却正是这么做的。因为，在低位时抛出股票必然会让投资者付出惨重代价，所以，与其让基金经理胡乱处置你的钱，你还不如遵循严格的“懒人投资组合”策略，这更可能给你带来更多的利润。

表5.1 “懒人投资组合”VS美国主动式管理平衡基金（2008年）

美国主动式管理基金	下跌29.1%	10 000美元跌至7 090美元
指数化“懒人投资组合”	下跌20.1%	10 000美元跌至7 960美元

采用“懒人投资组合”策略的另一个好处在于，即使股市在2008—2009年遭遇了大熊市，你依旧能在2006—2011年的5年期内实现盈利。在这5年里，很多主动式管理平衡基金都赔了钱，而投资于“懒人投资组合”

的 1 万美元在不需增加投入的情况下即可变成 12 521.56 美元。这相当于 25.2% 的总收益率！

作为一个投资者，我对 2008—2009 年的股市大跌情有独钟。但作为理财顾问，它显然令人心痛。

在经济危机期间，很多人带着投资组合找到我，此时，这些组合已贬值 40% 甚至更多。在分析这些投资结构时，我发现了一个令人震惊的现象：这些投资者的理财顾问对债券的蔑视几乎到了难以容忍的地步。他们中的多数人年纪都比我大，因此，他们在组合中持有的债券比例至少应达到甚至超过我的水平。但事实却恰恰相反，所有人持有的债券比例都低于我。有些人甚至根本就没有持有债券！在市场下跌时，他们的投资账户自然会贬值得比我多得多，而且他们根本无法抓住廉价股票带来的机遇，因为他们的手里根本就没有债券可卖！

尤其是五六十岁的投资者，他们更需要在其组合中持有债券。我们很难找到一本不包含这个基本原则的投资书籍。但是，我接触过的很多投资者，其账户均由于缺乏具有保护性的债券而随着市场波动起伏。

理财故事

“牛仔投资客”永远存不够离开牧场的路费

在我教过的投资者中，有一个被我称之为“牛仔投资客”（Cowboy Investor）的人。他五十几岁，由于一直在国外私立学校任教而无法享受养老金。他始终认为债券是“鸡肋”，从来就没有买过。他的操作策略是看到价格上涨了就买进，价格下跌就卖出，这让他和牛仔一样，口袋里永远存不够能让自己离开牧场的路费。

其实，即便在股市上涨时，持有债券的组合也并非如多数“牛仔投资客”所想象的那样，会“扫了大家的兴”。财经作家丹尼尔·索林（Daniel Solin）指出，1973—2004 年，按美国股市指数占 60%、全债券市场指数占40%的比例进行投资的投资者大约实现了10.49%的年均收益率。同一时期，承担了更大风险、将组合的100%全部投资于股市指数的投资者则实现了11.19%的年均收益率。

而"牛仔投资客"承担的风险更大，为了什么呢？就为了获得这额外0.7%的年均收益率吗？他的心理承受能力得有多强呀。表5.2表明，在这31年中亏损最大的年份，他的投资账户将贬值20.15%。相比之下，持有40%债券和60%股票的组合，在业绩最差的12个月中的跌幅也不会超过9.15%。

表5.2　股票与债券不同组合的收益情况（1973—2004年）

100%投资于股票	60%股票/40%债券
年均收益率11.19%	年均收益率10.49%
最差年度收益率－20.15%	最差年度收益率－9.15%

如果这0.7%的额外年均收益率的确值得人牵肠挂肚，那就努力去追求它吧。但务必要牢记的是，当股市开始打折甩卖的时候，你可能就没法利用低廉的股价维持投资账户的均衡了。

债券当做套马索，"牛仔投资客"不穷忙

维持股票与债券比例均衡这一原则并不仅限于美国。这个基本原则的普适性与投资市场所在地域无关。加拿大知名金融杂志*MoneySense*的主编伊恩·麦古甘就曾因把"懒人投资组合"策略引入加拿大市场而获得"加拿大国家杂志奖"。他的方法非常简单：投资者把全部资金平均分配在一只美国股市指数基金、一只加拿大股市指数基金和一只债券指数基金之间。在每个公历年年终，投资者只需将组合中的3只基金比例恢复到初始状态即可。如果美国股指基金的增值超过加拿大指数，那么，投资者就卖出部分美国指数，使之与加拿大指数维持相同权重。这个操作过程，通常不会超过60分钟。

如果债券指数的收益率超过两个股市指数，投资者就需要买进部分加拿大及美国股指基金。当然，如果是按月向账户增加投资的话，只需买进比例相对较低的指数，从而保持全部资金在 3 只指数之间平均分配。

表 5.3 显示，如采取逐年调整、保证美国股市指数基金、加拿大股市指数基金及债券指数基金维持平均分配的组合投资策略，1975 年投资的 100 美元将会实现怎样的收益。请注意，1975—2010 年底，债券指数和股市指数的组合可绝对不是“鸡肋”。这个持续调整的组合更是让加拿大股市指数甘拜下风。实际上，投资者不仅可以利用债券带来的安全性，还可以在这个过程中享受可观的收益。

表 5.3　投资于加拿大“懒人投资组合”与加拿大股票指数的收益情况（1975—2010 年）

年份	加拿大“懒人投资组合”	加拿大股票指数
1975	$100	$100
1976	$118	$100
1981	$195	$257
1986	$475	$469
1991	$730	$615
1996	$1 430	$1 134
2001	$2 268	$1 525
2006	$3 163	$2 725
2010	$3 493	$3 157

资料来源：Moneysense.ca（数据区间：1976—2009 年），Globeinvestor.com（数据区间：2009—2010 年）。

为你的投资组合制定严谨的均衡原则可以有效消除主观臆断，强制你摆脱情绪与心理的影响。如前所述，人类的行为往往并不理性。大多数人喜欢在股价已经上涨时买进股票，在股价已经下跌时抛出。但聪明的投资者绝不会做出这种非理性的行为。

与很多人所想象的完全不同，把债券指数当做你的小帮手，可以轻松打败 100% 的股市指数；借助于股市指数与债券指数的组合，你不仅可以减少组合价值的波动性，而且可以实现更高的收益率。

你掌握“致富黄金法则五”了吗？

1. 什么是“致富黄金法则五”？

◆ 造金山开银山的秘诀：合理可靠的投资组合。

整体股市指数基金肯定对你没有任何坏处，但它并不是均衡化投资组合的象征。

保证投资账户中包含债券指数、国内股票指数和国际股票指数，将大大提高你的投资成功率。

2. 怎么运用“致富黄金法则五”？

◆ 在投资组合中加入政府债券指数，投资比例与你的年龄相接近。

◆ 把投资于股票的资金在本国股票指数和全球股市指数之间平均分配。

◆ 把维持组合均衡作为投资的首要原则。严格遵循维持债券与股票的特定比例的投资策略。

◆ 如果你懒得管，那就建立“懒人投资组合”，即股市指数和债券市场指数各占一半。每年调整一次投资组合的分配比例。除非股市震荡过大，再相应调整你的投资组合以寻求获利的机会。

从长期来看，债券的收益能力不像股票那么高。但它们更稳定，波动更小。因此，当市场之神想以动荡取乐时，债券就可以保护你的投资账户不至于跌到谷底——债券可以发挥降落伞的作用。

对于理智、冷静的投资者来说，如果股票或债券在组合中的分配比例过度偏离预先设定的标准，他们就会及时调整组合比例，维持特定的平衡。

3. 为什么要掌握“致富黄金法则五”？

◆ 借助于股票指数与债券指数的组合，你不仅可以减少组合价值的波动性，而且可以实现更高的回报率。

◆ 为你的投资组合制定严谨的均衡原则可以有效消除主观臆断，强制性地让你摆脱情绪与心理的影响。

◆ 与其让基金经理胡乱处置你的钱，你还不如遵循严格的“懒人投资组合”策略，这更可能给你带来更多的利润。

债券交易市场的存在意义，就是为了利用债券价格运动提供的投资机遇。投资者不仅可以利用债券带来的安全性，还可以在这个过程中享受可观的收益。

政府债券指数在长期内会根据通货膨胀率调整利率水平，因而具有保值功能，而且你可以根据自己的情况随时出售这些债券。这一点也不难。

MILLIONAIRE TEACHER

致富黄金法则六

试试“全球指数”，把鸡蛋放进更多篮子里

一年只花 10 分钟投资，儿科医生竟能战胜华尔街？

2006—2011 年，尽管经历过大衰退，仍能实现 30.7% 的收益率，他是如何做到的？

一个长跑运动员，如何在 6 年内获得 28.5% 的总收益率？

怎样打败 90% 的理财顾问？只要做到一点：把鸡蛋放在不同的篮子里！

Sample a “Round-the-World” Ticket to Indexing

与某些投资著作有意无意引导你得出的结论相反，指数基金其实是引领我们到美国以外寻找美好家园拾金的快乐飞船。在法则六中，我将通过实例向你介绍如何建立指数化账户，不管你生活在美国、加拿大、新加坡还是澳大利亚，这些方法都具有指导意义。你可以对号入座地使用这些方法，或至少借鉴一下这些国际朋友们的经验。即便你并没有生活在本章提及的地区，只要在本国开立一个经纪账户，你就可以创建一个属于自己的指数投资组合。

下面提到的人物确有其人。无论他们的姓名还是故事，都是真实的。

美国指数：调整组合，以丰补歉

当经济上要承担更多义务时，指数投资账户能帮助我们吗？

理财故事

儿科医生为资金账户"保健"

2006年，克里斯·奥尔森的妻子埃丽卡产下三胞胎，相当于把1/4支美式足球队带到人间。突然之间,这个家庭就多出三张嘴要喂，要添置一辆小货车，还要为3个孩子准备教育经费。

当然，我并不是想让大家为克里斯举办一场有小提琴伴奏的慈善义卖会，他是一位儿科及内科专家，收入丰厚。但假如你是美国人，突然意识到自己在经济上需要承担更多的义务，克里斯开立的指数投资账户或许可以给你带来一点启示。

这位40岁的医生长期致力于全球疾病治疗的志愿工作，偶尔要乘飞机赶到苏门答腊和印度尼西亚等受印度洋海啸影响的贫困地区培训助产士。他发现，在很多方面，投资与他所从事的工作有异曲同工之处。比如说，对发展中国家的捐赠最好采取个人行动，因此，他和他的妻子，注册护士埃丽卡经常带着他们的医疗器材及药品亲身前往这些国家。因为若只是把货物寄到这些国家，往往会诱使中间人截流并滥用这些救助药物。

2004年，克里斯感到自己在国内的投资也遇到了同样的问题，多年以来，对主动式管理基金的过分依赖让他的投资始终没有起色。

“我的理财顾问确实是个不错的家伙，但我还是意识到，他就像第三世界国家边境哨卡的那些混蛋，一直在我身上揩油。我觉得自己就是在一点点地把钱冲进马桶。”克里斯说。

一次，克里斯前往印度尼西亚，途中在新加坡短暂停留，为了购买一套心肺复苏术培训材料带给亚齐省（Aceh）的助产士。在一家日本餐馆，我与克里斯碰头，在吃饭过程中，他向我咨询应该购买什么样的指数产品。

美国最大的指数投资产品提供者就是位于宾夕法尼亚州的非营利性投资公司——先锋基金。如果登录该公司网站，各种各样的指数产品会让你头晕眼花。但我对当时还只有35岁的克里斯提出的建议是，应尽可能地保持简化：为规避美国市场风险而购买一只覆盖范围最广泛的美国股市指数基金，为抵御“全球”风险而购买一只覆盖范围最广泛的全球指数基金，并按与年龄相仿的比例购买一只全债券市场指数基金。

以下是我建议他采取的投资分配比例：

◆ 35%：先锋美国债券指数（代码 VBMFX）

◆ 35%：先锋美国股市指数（代码 VTSMX）

◆ 30%：先锋全球股市指数（代码 VGTSX）

我的建议依据如下：先锋不收取买卖佣金；他可以在整个美国股市及全球股市范围内进行多样化投资，充分实现风险分散；通过债券投资对整个组合进行逐年调整，从而维持组合的均衡化。

我说："克里斯，千万不要听从华尔街的任何话，不要阅读财经报刊，也不要收看与股市有关的新闻。假如你每年把组合调整恢复到以上的均衡比例，长远来看，你就可以让 90% 的投资专业人士望尘莫及。"

回到美国之后，克里斯把原来的主动式管理基金投资计划书扔在餐桌上，登录先锋集团网站，然后通过网站上的联系方式给公司打了一个电话。

通过网站谈妥条件之后，一名先锋集团员工指导克里斯完成了账户开立过程。这名员工只要求克里斯提供现有主动式管理基金的账户号码，包括他的 IRA（免税的个人退休金账户）及非 IRA 的主动式管理基金账户。

之后，先锋集团的员工通过电话把克里斯的资产从以前的基金公司转入先锋基金账户，并通过该账户将全部资产分散于 3 种指数基金。在获取常规性银行账户信息之后，这位销售代表根据克里斯要求的分配比例将上述资金自动存入他的指数基金。

每年年底，克里斯需要检查一下投资账户的资产分配情况。他说，"这并不费事，我只是在每年年底将组合的分配比例恢复到最初设定的标准

（见图 6.1），以丰补歉，卖掉‘赢钱’的部分补偿‘赔钱’的部分。这是我一年里唯一阅读投资报告的机会，也只有在这个时候，我才考虑是否需要恢复账户均衡。”采用晨星网站提供的基金跟踪功能，我完全能保证克里斯的投资可以实现预期回报。

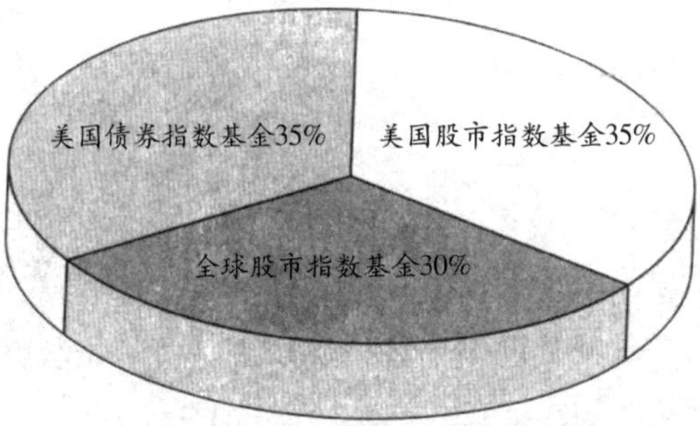

图 6.1　克里斯的投资组合

克里斯注意到，他在一年前建立的投资组合当年即实现了 15.4% 的收益率，而且大部分收益来自全球股市指数和美国股市指数。于是，他拨通先锋基金的电话，并登录自己的在线账户，按先锋基金理财顾问的建议，卖出部分股市指数，买进债券指数，让整个账户的分配比例恢复到最初设定的比例。现在，只需要让投资组合以这种方式进行自动调整均衡，在未来一年内，克里斯就可以把华尔街抛诸脑后了。

2008 年 1 月

在全球范围，股市在 2007—2008 年继续呈上涨趋势。此时，克里斯的投资利润持续增加，其中包括来自 2006 年度的盈利 25.86% 和 2007 年度的 9%。面对股市大涨的诱惑，克里斯抵制住想要购买更多股市指数的冲动，抛出一部分全球股市指数及美国股市指数，用这些钱买进更多的债券指数。这并不需要投资者作出什么判断——只是调整账户，使之维持最初的分配比例即可。

2009 年 1 月

2009 年初，继 1929—1933 年之后最大的熊市开始了。检查账户报告时，克里斯注意到，他的整个账户已出现贬值。尽管跌幅高达 24.5%，但克里斯依旧再次通过调整账户分配比例恢复其固有均衡，抛出部分债券指数，买进价值下跌的美国股市指数和全球股市指数，维持投资账户的原始比例。

2010 年 1 月

克里斯很清楚，股市在前一年遭受了重创，每个人都在谈论着这场股灾。但是，由于克里斯在上年度已出售部分债券指数并买进股市指数，这就让他从股市的低价位中受益匪浅。到 2010 年 1 月，因股市大幅反弹，克里斯的账户已增值 23%。于是，在 1 月份，克里斯再一次采取恢复账户平衡的操作，抛出部分股市指数，增持债券指数。这样，克里斯的账户再次恢复原始比例。

2011 年 1 月

截至 2011 年 1 月，克里斯的账户再次增值 11.6%。尽管经历了多年以来最严重的股市大跌（2008—2009 年），但是从 2006 年 1 月 1 日到 2011 年 1 月 1 日，克里斯的账户依旧实现了 30.7% 的总回报率。此时，克里斯再次采取了维持账户均衡的策略，用 10 分钟的时间卖出部分股市指数，买进更多的债券指数。考虑到克里斯毕竟已是 40 岁的中年人，因此，他应逐渐增加债券的比例，使之与其年龄相匹配。

一名儿科医生是如何打败基金经理的？

克里斯在 2006 年 1 月—2011 年 1 月既已实现 30.7% 的收益率，这显然是一份令人羡慕的成绩单。但是，假如由一位基金经理按自己的思路对该账户进行专业化管理，最终会交出怎样一份答卷呢？

你或许会认为，一个每年只在理财上花费 10 分钟的医生去挑战投资专业人士，其结果无异于以卵击石。但事实未必如此。如果一只主动式管理基金可以免费管理，即不需要向基金公司的任何雇员支付报酬，那么，克里斯这个全都是指数产品的账户打败基金经理的概率会略低于 50%。毕竟，持有全球股市指数及债券市场指数都要支付最低费用，而且只有 50% 的主动式管理基金在税前可能超过市场平均收益。但是，如果考虑到主动式管理基金产生的现实费用及税款，那么，克里斯这个专业医生获胜的几率就会大大提高了。

由于克里斯的账户始终在股票和债券之间维持平衡，因而可验证其市场表现，图 6.2 对克里斯的账户与 3 只美国最知名的主动式管理基金：富达平衡基金、罗威价格平衡基金及美国平衡基金做了对比。

这些基金均设有专业研究团队，为了追求收益最大化而调整基金构成频繁买进卖出，但这些交易都要支付费用。因此，克里斯才能在过去 5 年内以 11.3%、6.68% 及 17.57% 的显著优势，轻松击败上述 3 只专业基金。那么，克里斯是否能在每一年内都战胜它们呢？当然不能。在过去 5 年里，是否有其他美国平衡基金超过克里斯的收益率呢？当然有。但由于这样的基金是不能预知的，因此，克里斯最聪明的选择应是维持指数组合的固有均衡。

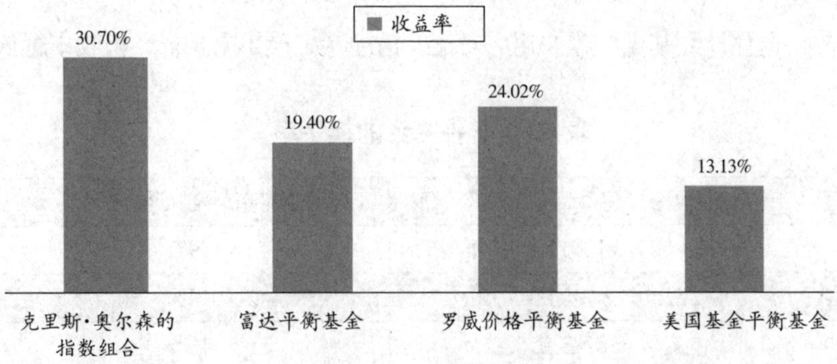

资料来源：晨星网站。

图 6.2　克里斯·奥尔森指数组合的收益率超过平衡基金（2006—2011 年）

先锋基金献给投资者的福音

如果说每年花费 10 分钟来恢复组合均衡的想法还有点复杂，那么，还有更简单的办法。先锋基金为投资者提供了一套按不同比例配置股市及债券指数组合的“退休计划基金”（Target Retirement Funds）系列产品。这些产品的基本策略就是随着投资者接近退休年龄，循序渐进地增加对债券的投资比例，而不需要投资者动一动手指头。

不同基金的命名方式取决于预期退休年龄，而不考虑与基金本身有关的日期。

比如说，克里斯可能会选择“退休计划 2015 号基金”，因为克里斯目前的年龄为 40 岁，因而，基金资产的 40% 将分配给债券。克里斯并不一定真正打算在 2015 年退休，他之所以选择该基金是因为它分配给债券的比例与其年龄相匹配。

2006 年 1 月—2011 年 1 月，先锋的“退休计划 2015 号基金”实现 24.14% 的总收益率，这也足以令图 6.2 所示的 3 只大型平衡基金——富达平衡基金、罗威价格平衡基金及美国平衡基金相形见绌。

更重要的是，如果以应纳税账户持有“退休计划基金”的话，这些基金的收益能力将超过绝大多数甚至是全部主动式管理平衡基金。

在表 6.1 中，我们将从“换手率”的角度将上述 3 只平衡基金与克里斯的“退休计划基金”账户逐一对比。请注意，换手率越低，税收率越低。

表 6.1　各种基金的换手率

平衡基金及“退休计划基金”	换手率（越低越好）
先锋退休计划2015号基金	19%
富达平衡基金	122%
美国平衡基金	46%
罗威价格平衡基金	41%

资料来源：晨星网。

表 6.2 显示了先锋“退休计划基金”的不同产品、各自所含债券的比例及其换手率。不需考虑各种基金的目标日期。如果你现在已经 50 岁，而且没有养老金，明智的选择就是一个债权比例与自己年龄相同的基金或组合；假如你退休时将拥有一份可观的养老金，那你可以承担更大的风险，选择一只债券比例较低的基金。美国是方便于建立指数投资账户的国家之一。不过，非美国人的可选空间也在迅速扩大。

表 6.2　先锋“退休计划基金”的结构及其换手率

先锋的“目标退休基金”	债券/现金	换手率
退休计划2005号基金	64.50%	21%
退休计划2010号基金	50.60%	19%
退休计划2015号基金	40.30%	19%
退休计划2020号基金	33.00%	14%
退休计划2025号基金	25.40%	11%
退休计划2030号基金	18.20%	13%
退休计划2035号基金	10.70%	9%
退休计划2040号基金	10.30%	9%

资料来源：晨星网。

加拿大指数：甩掉成本，轻装上阵

长跑速度和致富几率之间有什么关系呢？听听长跑运动员怎么说。

理财故事

长跑健将助财富加速

基思·韦克林出生于新西兰的罗托鲁瓦（Rotorua），这是一座建在火山脚下的美丽城市。十几岁时，基思随从家人迁居加拿大的哥伦比亚省。

基思是一名意志坚强的长跑运动员，在将近 40 年的运动生涯中，他曾获得多项赛事的冠军，而且始终是一个令人生畏的对手。2000 年，已经 42 岁的基思仍能在号称“魔鬼赛事”的温哥华山地越野赛中拔得头筹。即便是到了 52 岁的时候，他的实力依旧让所有对手不敢小视。

基思对于投资和长跑的异曲同工之处有着独到的见解。如果体重太大，你长跑的速度就无法提高；同样，如果想增加致富的几率，你就不能承担太多的财务成本。为了实现覆盖各类市场的多样化投资，基思分别购买了一只全球股市指数、一只加拿大股市指数、一只美国股市指数和一只加拿大债券市场指数。

基思采纳的是 *MoneySense* 杂志的“全球懒人投资理念”，这就意味着，他可以将全部资金按表 6.3 所示的比例进行分配。*MoneySense* 对此类组合的收益情况提供在线跟踪资料。

表 6.3 “全球懒人投资组合”

指数名称	在每个组合中的比例	公开交易代码
全球股市指数	20%	XIN
加拿大股市指数	20%	XIC
美国股市指数	20%	XSP
加拿大债券市场指数	40%	XBB

每年年底，基思需要检查一下账户的分配情况。他投资的 4 种指数的收益能力略有不同，基思每年只需花几分钟的时间让账户分配恢复到最初标准。

也就是说，在每年年底卖出部分收益较高的指数，然后买进表现较差的指数，这让他在 2005 年 1 月—2011 年 1 月获得 28.5% 的总收益率（按加元计算）。不能不提的是，这段时间还包括 2008—2009 年的全球大熊市。

基思的投资组合是怎么跑赢 5 大银行的？

加拿大有 5 家大型银行，它们几乎瓜分了国内主动式管理基金业务的全部市场份额：

- 加拿大多伦多道明银行
  （Toronto Dominion Bank，TD，www.tdcanadatrust.com）
- 蒙特利尔银行
  （Bank of Montreal，BMO，www.bmo.com/home）
- 加拿大帝国商业银行
  （Canadian Imperial Bank of Commerce，CIBC，www.cibc.com）
- 加拿大丰业银行（ScotiaBank，www.scotiabank.com）
- 加拿大皇家银行（Royal Bank of Canada，RBC，www.rbc.com）

在资产分配方式上，与基思的投资组合最相近的主动式管理基金莫过于“平衡基金”，而上述 5 家加拿大银行均有自己的主打股票 / 债券平衡基金。那么，基思组合在市场表现方面与这些银行的基金相比如何呢？

在图 6.3 所示的基金中，唯一在收益能力上超过基思的就是蒙特利尔银行发行的 NB 平衡基金。在 6 年的时间里，基思轻而易举地打败了加拿大 5 大主打平衡基金中的 4 个。当然，在这段时间内，肯定会有某个主动式管理平衡基金的收益能力在某个时间点超过基思，但具体哪只则无从知晓。

比如说，在第二年，目前收益率排名领先的蒙特利尔银行基金则有可能 落后于其他基金。这在基金行业是司空见惯的事情。唯一可以肯定的就是：非费率的结构，使得基思的投资组合注定会战胜 90% 的主动式管理平衡基金。如果以应税账户持有组合，那么，他将领先于加拿大的绝大多数主动式管理基金。

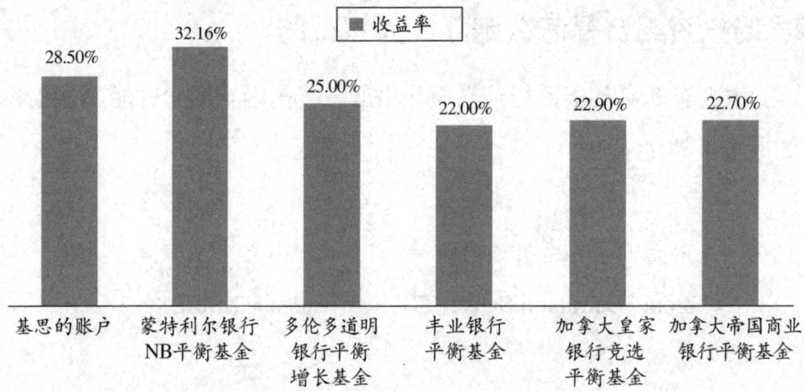

资料来源：Globeinvestor.com，Fund Performances。

图 6.3　基思的指数组合与加拿大的平衡基金（2005—2011 年）

加拿大人不妨像基思那样去投资

如果你也希望像基思那样投资，那么，你可以有两种低成本的选择：

- 你可以购买成本较低的加拿大多伦多道明银行发行的指数基金，即“e系列基金”（e-Series Funds），截至2010年为止，该基金始终是加拿大成本最低的常规性指数基金。
- 你也可以开立一个折扣经纪账户，然后通过该账户购买交易型开放式指数基金（ETF，Exchange Traded Index Funds）。

我们首先关注一下银行发行的指数基金。

目前加拿大多伦多道明银行发行的指数基金无疑是加拿大国内最具价格优势的基金。但假如你想亲自去银行购买，则可能会遇到如下两种情况：

- 银行客服代表或许会说服你购买主动式管理基金。
- 客服代表也可能设法向你推销高成本的指数基金。即便是道明银行，也同样会出售高成本的指数基金，收费水平几乎可以达到我推荐的基金的2倍。

道明银行发行的低成本指数被称为“e 系列”基金，你可以在线购买这种指数基金，网址如下：www.tdcanadatrust.com/mutualfunds/tdeseriesfunds/index.jsp。

道明银行的“e 系列”指数基金

表 6.4 显示，道明银行发行的“e 系列”指数基金每年只需投资者承担 0.4% 的费用。相比之下，加拿大全部主动式管理基金的平均年费率则高达 2.5%。由于加拿大的指数成本明显高于其他各国，因此，最好的办法就是避而远之。不过，如果你想按照全球范围的“懒人投资组合”策略投资低成本的“e 系列”指数基金，不妨先看看表中的交易代码及隐形费率。

表 6.4　道明银行的“e 系列”基金收费情况

道明银行的“e系列”基金	交易代码	年费率
全球股市指数 www.tdcanadatrust.com/mutualfunds/perf_EF.jsp	TDB905	0.50%
加拿大股市指数 www.tdcanadatrust.com/mutualfunds/perf_EF.jsp	TDB900	0.31%
美国股市指数 www.tdcanadatrust.com/mutualfunds/perf_EF.jsp	TDB902	0.33%
加拿大债券市场指数 www.tdcanadatrust.com/mutualfunds/perf_EF.jsp	TDB909	0.48%

开立此类账户的最低资金要求为 100 美元。如果你想从银行账户向每个基金账户自动转存一定数额的资金，可以通过在线程序进行。自动存款的每月最低购买额度为 25 美元，且账户不收取任何费用；但如果在开户 90 日内抛出基金的话，将按出售金额收取 2% 的罚金。

对于寻求低成本和便利的投资者，这些基金就是最好的选择，而且投资者可以免费将获得的红利用于再投资。

请记住，最好的经验就是坚持原有的分配比例。为每种基金选择一个适当的百分比，然后每年调整以维持原有的平衡。

要把“懒人投资组合公式”与“债券比例等于投资者年龄”的思想结合到一起，我建议投资者采取表 6.5 所示的组合分配比例。

表 6.5　适用于加拿大投资者的年龄与组合配比原则

年 龄	加拿大债券市场指数	加拿大股市指数	美国股市指数	全球股市指数
20	10%～25%	25%～30%	25%～30%	25%～30%
30	20%～35%	20%～25%	20%～25%	20%～25%
40	30%～45%	15%～20%	15%～20%	15%～20%
50	40%～55%	10%～15%	10%～15%	10%～15%
60	50%～65%	10%～15%	10%～15%	10%～15%

加拿大的交易型开放式指数基金（ETF）

当基思第一次开立指数投资账户时，多伦多道明银行还没有推出“e 系列”指数基金。于是，基思建立了一个“交易型开放式指数基金”(ETF) 投资组合，这是一种通过债券经纪公司在股市购买投资产品的指数基金。

如果你不打算定期对账户增加投资或账户余额较多，那么，投资 ETF 将是非常值得的。

像基思所持有的那 4 种 ETF 基金的操作成本每年约为 0.3%。这略低于道明银行的“e 系列”指数基金，不过这样的节约似乎有点得不偿失。投资者可以将自己的账户金额与节约的成本对比后再做出决定。

对于本金为 10 万美元的账户，ETFs 每年的隐形费用约为 300 美元，而“e 系列”指数基金每年的隐形费用则是 400 美元。

对于 10 万美元的定投账户，每年只节约 100 美元，却要承担诸多麻烦，显然有点费力不讨好。原因很简单：

如果你是按月投资，每一笔 ETF 投资需在线支付 9.99 美元的经纪费，如果账户本金低于 10 万美元，则经纪费还要更高；每月 9.99 美元的费用相当于每年支付近 120 美元。因此，如果你的账户价值达不到 10 万美元，最好还是采用“e 系列”指数基金，因为“e 系列”指数基金的买卖均不收取任何佣金。

表 6.6 显示了逐月购买费率较高但不收取佣金的“e 系列”指数基金与费率较低但收取佣金的 ETF 的相关成本对比。

在投资账户本金达到 12 万美元时，ETF 确实具有成本优势，可它也需要投资者投入较多的精力去打理。但是，如果投资者的账户低于 12 万美元，而且每年投资超过 12 笔，那么，“e 系列”指数基金就拥有了成本优势。请注意，在表 6.6 中，相比同等金额的“e 系列”指数基金账户，本金为 70 万美元的 ETF 账户即便是在每月支付 9.99 美元，即全年 119.88 美元的佣金费之后，仍可节约 580.12 美元。

表 6.6　ETF 组合及道明银行“e 系列”组合的总成本

账户本金	ETF 的年费率：0.3%	“e 系列”指数年费率：0.4%	每年分 12 次买进 ETF 的成本	相对于“e 系列”指数，ETF 每年节约的成本
$100 000	$300	$400	$119.88	-$19.88
$200 000	$600	$800	$119.88	$80.12
$300 000	$900	$1 200	$119.88	$180.12
$400 000	$1 200	$1 600	$119.88	$280.12
$500 000	$1 500	$2 000	$119.88	$380.12
$600 000	$1 800	$2 400	$119.88	$480.12
$700 000	$2 100	$2 800	$119.88	$580.12

要购买 ETF，投资者首先要开立一个折扣经纪账户。在加拿大，很多证券公司均提供此类服务。

尽管佣金费有所不同，但这毕竟这个市场充满竞争，因此，目前的费率正在不断降低。如果你依旧对 ETF 情有独钟，而且希望像基思那样去投资，那么你就必须通过经纪人在多伦多证券交易所购买如下几种指数产品。每种指数产品的大写首字母组合即为执行每笔买入指令前需要输入的代号（即交易代码）。

- XIU = 加拿大股市指数
- XBB = 加拿大债券市场指数
- XIN = 全球股市指数
- XSP = 加拿大股市指数

不管是直接购买道明银行发行的“e 系列”指数基金，还是通过经纪人购买 ETF 指数，你都可以像基思那样，让绝大多数基金经理自叹不如。

新加坡指数：低成本、巧配置

有意投资低成本指数的新加坡人可以在 Google 上在线搜索可选方案。但就像隐藏在狮城（新加坡的别称）丛林中的毒蛇一样，在金融服务业中同样存在无数条毒蛇，它们随时等待着侵蚀你的投资潜能。只要在 Google 上搜索“新加坡指数基金”，就可以找到一家每年收取不到 1% 的基金公司。

这点费用听起来似乎微不足道，但这恰恰是基金推销者希望你相信的事情。在整个投资寿命期间，尽管每年只需支付 1% 的成本，你也要为此扔掉几十万美元。

来自新加坡的知名指数基金零售商“基金超市”（Fundsupermart）发行“无限投资系列”(Infinity Investment Series)产品。该公司还提供一种“标准普尔 500 指数”基金，该基金每年的固定费率为 0.97%。此外，投资者购买该基金还需额外支付 2% 的前端销售费。

我们不妨假设有两个新加坡姐妹同时投资于一种美国指数产品。姐妹中的一人通过“基金超市”购买“标普 500 指数”基金，另一人则选择了先锋基金发售的年费率为 0.09% 的低成本“标普 500 指数”ETF 基金。

在不考虑收费的情况下，由于两种基金均跟踪同一市场，因而可以实现相同的收益率。0.97% 的费用看上去似乎很小，以致可以忽略不计，实则不然。表 6.7 显示，貌似微不足道的费用在长期内会让投资利润消耗殆尽。如果美国“标普 500 指数”在未来 5 年内可实现 5% 的年均收益率，即便投资者每年仅需支付 0.97% 的费用，也要耗去每年利润中的近 20%。

如果把讨论的时段扩展到 45 年，那么，即便是对于本金只有 2 万美元的一笔投资，这种“小得可以忽略”的收费或许也可以让你的投资利润减少足足 18 万美元，这的确让人难以置信。成本至关重要，因此，你当然不想让这个行业用零点几的百分数欺骗你。

表 6.7　投资 2 万新加坡元的两姐妹

	姐　姐	妹　妹
姐妹俩人均投资2万新元，投资期限为35年	投资于年费用率为0.97%的“标普500”指数	通过唯高达证券投资于年费率为0.09%的先锋“标普500指数”
假设“标普500”指数未来30年的年均收益为8%	扣除费用后实现的年均收益率为7.03%	扣除费用后实现的年均收益率为7.91%
姐妹俩的投资在35年后将变成多少？	投资价值将变成215 637.05新元	投资价值将变成287 203.17新元
如年均收益率不变，40年后将变成多少？	投资价值将变成302 866.34新元	投资价值将变成420 240.29新元
如年均收益率不变，45年后将变成多少？	投资价值将变成425 381.54新元	投资价值将变成614 902.36新元

理财故事

教授夫妇坐享财富生活

2001 年，在新加坡特奥会从事志愿工作期间，苏琳和戈登相识。当时，戈登在新加坡美国人私立学校任教，苏琳则在新加坡理工学院及新加坡国立大学教授专业写作课程。

两人于 2008 年结婚，当时，原籍加拿大的戈登在投资方面感到心灰意懒。他这样解释自己的顾虑：

“我以前在肯尼亚任教，当地学校要求我们只能投资于两家指定公司中的任一家。其中之一就是总部位于曼恩岛的苏黎世国际人寿保险公司（Zurich International Life Limited）。这家离岸投资公司从事主动式管理基金业务，但从一开始，我就觉得自己被欺骗了。在开立账户之前，我曾询问销售代表，我是否可以控制投资金额的数量。他的回答是“可以”。但是经过一段时间之后，我就不想继续投入了。投资报告更是令人费解。我根本就不知道自己在这段时间里向投资账户投入了多少资金，更不清楚自己的账户里到底有多少钱。”

戈登感到不安，并认为最安全的对策就是不再向投资账户增加资金。但那位苏黎世保险公司销售代表说，戈登已经签订了一份每月定额投入的合同，不得违约。深感受骗的戈登还是决定从该公司抽回全部资金，并为此支付了一笔不菲的违约金。

之后，一心想自主控制投资金额的戈登在新加坡的唯高达证券开立了一个投资账户，建立了一个平衡型多样化的ETF投资账户，类似于前面提到的基思采取的“懒人”策略。两者的唯一差异就是，戈登夫妇对自己何时退休并无把握。

苏琳是新加坡人，而戈登的家人在加拿大，夫妻俩还在夏威夷拥有一块地产。为此，戈登认为最谨慎的方法就是让全部资产分散于新加坡、加拿大及其他全球股票及债券市场之间。

在他们的ETF组合中，相关产品是这样配置的：

- 20%为“新加坡债券指数”（交易代码A35）
- 20%为“新加坡股市指数”（交易代码ES3）
- 20%为“加拿大短期债券指数”（交易代码XSB）
- 20%为“加拿大股市指数”（交易代码XIC）
- 20%为“全球股市指数”（交易代码VT）

前 2 种产品在新加坡股市进行交易；其后的 2 种产品则在加拿大证券交易所交易；最后一种指数的交易地点则是纽约证券交易所。但投资者可以通过从事经纪业务的新加坡 DBS Vickers 证券公司在线买入。

戈登夫妇通过每月买进新指数，维持账户分配比例的均衡。由于他们确定每一种指数产品分配的比例均为 20%，一个月之后，如果新加坡债券指数的收益情况低于其他指数，那它在全部投资中的比例就会低于 20%。这时，他们在向账户增加资金投入时，首先就要买进新加坡债券指数。

如果全球股市指数、加拿大股市指数和新加坡股市指数增值较大，导致债券指数在总投资账户中的比例低于 40%，那么，他们在下一次投资中就要增加对债券指数的投资。

通过这样的操作可以达到如下目的：

- 维持组合均衡，以提高组合的总体安全性。
- 买进收益暂时落后的指数，以在长期内实现较高收益率。

登录我的个人网站，你可以循序渐进地了解如何购买新加坡的交易所交易指数基金，网址如下：http://andrewhallam.com/2010/10/singaporeans-investing-cheaply-with-exchange-traded-index-funds/。

为更多的新加坡人分享福祉

永远不要忘记：**金融服务业的根本目标就是赚钱——为他们自己赚钱，而不是为你**。但机会的大门还是向每一个新加坡人敞开，所有人都有机会利用低成本投资。

Moneytalk.sg 上的财经博主陶凯（Kay Toh）将新加坡海峡时报指数（Singapore Straits Times Index）的交易型开放式基金收益与“基金超市”的新加坡股市单位信托基金（即主动式管理基金）进行了对比。我们可以在表 6.8 上看到各基金的收益结果。

表 6.8　交易型开放式基金与新加坡股市单位信托基金年均收益率比较（2004年5月6日—2009年5月6日）

基金	年均收益率
大华银行联合增长基金（UOB United Growth Fund）	2.16%
施罗德新加坡信托基金（Schroder Singapore Trust CL A）	2.21%
华宝兴业新加坡红利型增长基金（SGAM Singapore Dividend Growth）	6.1%
“狮子”全球新加坡信托基金（Lion Global Singapore Trust）	3.18%
汇丰环球投资新加坡权益基金（HGIF Singapore Eq-A USD）	-2.23%
德意志银行新加坡权益基金（DWS Singapore Equity Fund）	6.36%
星展新加坡特利基金（DBS Shenton Thrift）	-0.03%
阿伯丁新加坡权益基金（Aberdeen Singapore Equity）	5.42%
上述基金在考虑投资红利后的收益率	
新加坡海峡时报指数的ETF（含红利）	7.66%

资料来源：Fundsupermart，Singapore Exchange, Streetracks。

是否存在某些单位信托基金的收益能力在个别年份超过市场指数呢？绝对存在。但你永远不知道会是哪一种，任何人都不会知道。

既然没有人能预见哪种单位信托基金能在未来超越指数，那么，理性投资者自然会放弃赌博式的预测，遵循戈登与苏琳夫妇的策略：建立一个低成本指数的投资组合。

澳大利亚指数：多重组合，投入越多，收费越低

澳大利亚人如何投资指数基金更有利？让我们先来看看下面的案例。

理财故事

澳大利亚作家出奇致“富”

10 年前，28 岁的澳大利亚人尼拉夫·巴特从事的工作还让大

多数人难以想象。他是一位全职博主。他的工作就是每天坐在计算机屏幕前上网，据他说，他所读的远远多于所写的。为了不断获得新的灵感，他需要花费大量时间阅读在线文章。这些文章不但可以让他找到可评论的题材，还可以激发他的创造性。

大量阅读也让尼拉夫深刻认识到指数基金相对于主动式管理基金的优势。“大多数理财顾问不过是销售员而已。人们太信任他们了。”他认为，多数澳大利亚人只是毫无目的地走进银行购买理财产品，而这些产品每年的收费往往高达2%。

自从第一次在报纸上看到介绍指数基金的文章后，尼拉夫就对此展开了研究。最初，他研读了普林斯顿大学教授马尔基尔的经典名著《漫步华尔街》。之后，尼拉夫注意到美国非营利性投资公司先锋集团在澳大利亚开设的分支机构。

尼拉夫说：“尽管先锋进入澳大利亚已有很长一段时间，但几乎没人会谈及它。”他很快找到了其中的原因。大多数人的理财知识均来自那些靠兜售高成本理财产品谋生的销售人员。与那些致力于向投资者大肆收取费用的投资服务业同行相比，先锋集团显然是个另类。

尼拉夫发现，澳大利亚人完全可以在先锋基金开立账户，而且也可以随时把他们的退休金转移到先锋基金的账户。尽管先锋为澳大利亚市场及其他国际性市场提供量身定做的理财产品，但是在先锋澳大利亚投资公司（Vanguard Australia），成本最低的理财产品就是他们的人寿策略基金（Life Strategy Funds）。这种基金把指数、单一基金组合以及随账户价值增加而递减的收费结合在一起。

反之，如果创建由单一指数基金构成的组合，就很可能会导致较高的总体费用。这是因为，收费结构取决于每个基金的规模，而不是每个账户的规模。投资者投入每个基金的资金越多，收费比例就越低。举个例子，如果投入20万美元，那么，与投资单一的先锋指数产品比，投资先锋的人寿策略基金的成本将大为缩减。表6.9显示了相关产品的投资成本。

表6.9　先锋澳大利亚人寿策略基金报价

人寿策略基金	分配比例	与账户规模相关的费率
先锋人寿策略保守型基金	70%为债券指数及现金 30%为澳大利亚及全球股市指数	0.9%：第一笔50 000澳元 0.6%：第二笔50 000澳元 0.35%：超过100 000澳元
先锋人寿策略平衡基金	50%为债券指数及现金 50%澳大利亚及全球股市指数	0.9%：第一笔50 000澳元 0.6%：第二笔50 000澳元 0.35%：超过100 000澳元
先锋人寿策略增长基金	30%为债券指数及现金 70%为澳大利亚及全球股市指数	0.9%：第一笔50 000澳元 0.6%：第二笔50 000澳元 0.35%：超过100 000澳元
先锋人寿策略高增长基金	10%为债券指数及现金 90%为澳大利亚及全球股市指数	0.9%：第一笔50 000澳元 0.6%：第二笔50 000澳元 0.35%：超过100 000澳元

资料来源：先锋澳大利亚投资公司（Vanguard Investments Australia）。

最终，你选择哪种基金将取决于你对风险的承受能力。如果投资者希望按与年龄匹配的原则设定债券投资比例，则可以选择如下基金：

◆ 先锋人寿策略高增长型基金，10%为债券，90%为股票。这非常适合于高风险型投资者以及青少年投资者。

◆ 先锋人寿策略增长型基金。30%为债券，70%为股票。这种基金适合于三四十岁的投资者。

◆ 先锋人寿策略平衡基金。50%为债券，50%为股票。这种基金较为保守，适合保守的年轻投资者或是五六十岁的投资者，基金中包含的50%股市指数使得投资者依旧可以享受股市的成长性。

◆ 先锋人寿策略保守型基金。70%为债券，30%为股票。退休人员或极端保守的投资者或许较为适合这种基金。

给澳大利亚投资者的风险提示

持有公司债券或政府债券的投资者或许会觉得没有必要如此保守。例如，一个享受养老金的50岁大学教授可能更喜欢购买增长型基金，而不是保守型基金。在较长时期内，尽管增长型基金有可能表现优异，但其波动性显然也更强。如果投资者在退休之后依旧拥有充裕收入，他们就可以选择风险/收益比更高的理财产品。

尼拉夫认为，大多数澳大利亚人不了解先锋的产品，这一点令人遗憾。不过他认为，数字最能说明问题，选择先锋产品的澳大利亚人越多，它的产品就会越便宜。

多元化指数基金投资者的美好未来

在掌握了如何构建指数型账户之后，你用于投资决策以及账户交易的时间就会大为减少。最终，你可以做到事半功倍，以每年不到60分钟的时间赢取最大的收益。

没有人知道股市和债券市场在未来5年、10年、20年甚至30年后的表现会怎样。但我们至少可以肯定一件事：**只要拥有了一个多元化投资的指数基金账户，你就能打败90%的理财顾问**。考虑到纳税因素，你的表现会更加出色。

现在，挡在你的投资成功之路上的只剩下一个风险了，而且是个有点让人啼笑皆非的风险。那就是：一旦你遇到金融机构的理财顾问，他们就会不遗余力地说服你去接受成本过高、效率更低的投资方案。在法则七里，我将揭露他们为了让投资者远离指数基金而采取的各种伎俩。

你掌握“致富黄金法则六”了吗?

1. 什么是“致富黄金法则六”?

◆ 购买全球股市指数基金,“全球化”你的指数投资组合。

全球股市指数基金是引领我们到本国以外寻找美好家园拾金的快乐飞船。购买一份覆盖范围最广泛的全球股市指数能帮你充分实现投资组合多样化和分散风险。

2. 怎么运用“致富黄金法则六”?

◆ 建立你的“全球化”指数基金投资组合:本国股市指数基金+全球股市指数基金+债券市场指数基金(与你年龄相仿的比例)。

◆ 结合“懒人投资组合公式”与“债券比例等于投资者年龄”的思想。

◆ 每年年底将组合的分配比例恢复到最初设定的标准,以丰补瘦,卖掉‘赢钱’的部分补偿‘赔钱’的部分。

不要听从华尔街的任何话,不要阅读财经报刊,也不要收看与股市有关的新闻。恢复投资组合均衡不需要投资者作出什么判断——只是调整账户,使之维持最初的分配比例即可。

在掌握了如何构建指数型账户之后,你可以做到事半功倍,以每年不到 60 分钟的时间赢取最大的收益。

请记住，最好的经验就是坚持原有的分配比例，通过每年的调整维持原有的平衡。

3. 为什么要掌握“致富黄金法则六”？

◆ 拥有了一个全球化多元化投资的指数基金账户，你就能打败 90% 的职业投资者。

◆ 每年恢复指数投资组合的最初均衡比例可以同时实现高安全性和高收益率。

◆ 没有人能预见哪种主动式管理基金能在未来超越指数。

◆ 成本至关重要。关注“小得可以忽略”的收费，因为这或许会让你的投资利润在整个投资期内足足减少几万元。

是否存在某些主动式管理基金，其收益能力在个别年份超过市场指数呢？绝对存在。但你永远也不知道到底哪只主动式管理基金会打败市场，任何人都不会知道。因此最聪明的选择就是维持指数组合的固有均衡。

对于寻求低风险、低成本、稳健收益、便利的投资者，指数基金投资组合就是最好的选择，你还可以免费将实现的红利用于再投资。

如果体重太大，你长跑的速度提高不上去。同样，若要增加致富的几率，你就不能承担太多的财务成本。在整个投资期内，貌似微不足道的费用可能会吞掉你十几万的利润。

MILLIONAIRE TEACHER

致富黄金法则七

捂紧钱包，躲开理财顾问的“糖衣炮弹”

谷歌高管拿什么抵抗金融机构的“金融剥削”？

晨星评出的超级明星基金为何收益狼狈？

理财顾问只上过 2 周的理财速成班？你还敢相信他们吗？

银行、投资杂志为何总在误导投资者？

Peek Inside
A Pilferer's
Playbook

如果你已经读了我对指数投资的介绍，我希望你正着手制定开立指数投资账户的计划，或是找一个收费型理财顾问帮你开立这个账户。

当然还有一种可能，就是你已经委托理财顾问帮你购买了主动式管理基金。你或许正在考虑，是不是该炒他们的鱿鱼了。

听起来似乎很简单，但做起来就不那么简单。我更希望看到，参加我举办的研讨会的大多数人都能自主地进行指数化投资，在有效削减成本和避税的同时，建立起低效理财产品所无法构建的账户规模。但并非所有人都能做到这些。我知道很多打算进行指数投资的人去咨询理财顾问，但这些顾问总能凭借三寸不烂之舌劝服他们继续投资主动式管理基金。

很多理财顾问都有一套自己的秘诀来阻止投资者转向指数投资，凭借令人眼花缭乱的业绩忽悠投资者，其目的无非是让客户背着沉重的成本行囊，继续攀登非洲最高的乞力马扎罗山。

如何识破理财顾问那些小伎俩?

每当身边有朋友或家人准备开立投资账户时，他们通常会让我陪着一起去。我会事先向这些新投资者简单介绍投资市场及其运作方式，以及指数化投资的优势。我会告诉他们，任何介绍主动式管理基金投资的学术研究都会得出一个相同的结论：**要在股市赢得更多获利的机会，最关**

键的就是要利用低成本的指数基金。

只有准备好如何应对他们的“糖衣炮弹”，你才有可能坚持自己的立场。有一点是绝不能忘记的：这是你自己的钱，不是他们的。

每当走进任何一家银行或是金融服务公司，我们都会无一例外地“享受”理财顾问的轮番轰炸，任凭他们口若悬河地卖弄自己挑选主动式管理基金的非凡才能。每当我的朋友谈起指数基金的优点时，这些销售员总有不计其数的理由去贬低它们。比如，理财顾问总能找到反驳的理由：

> 指数基金在股市下跌时会变得异常危险。在熊市形势下，主动式管理基金经理绝不会把所有鸡蛋都投入股市这一只篮子里，而股市指数却完全依赖于股市本身的收益能力。

这是主动式管理基金销售员把客户推进恐慌漩涡的常见方式之一。言外之意就是，他们可以在股市下跌之前立即抛出股票资产，救你于大熊市的水深火热之中。而在股市看上去显得“更安全”时，主动式管理基金经理就会再次买回股票，让你顺应股市的盈利趋势，驾驭股海大潮，在市场反弹时坐收渔利。当然，这都是为了让你口袋里的钱能源源不断流进他们自己的腰包和公司的保险柜。

他们这样做，虽然在理论上听起来很完美，但实际上他们根本就不可能如此精确地把握市场时机实现低买高卖，更别提你还要不知不觉地支付隐藏在黑暗中的无形费用了。如果你问问理财顾问，在近期的股市历史中哪一年的跌幅最大，他肯定会说 2008 年。如果再问问他，在 2008 年，是否大多数主动式管理基金都超过整体股市指数基金。如果他回答“是”的话，你就可以找到彻底击溃他的漏洞了。2009 年，《华尔街日报》曾引用标准普尔的一项研究成果，这项成果一下子道破天机：在创造近期历史中最大跌幅纪录的 2008 年，绝大多数主动式管理基金均落后于同期的股市指数。很明显，主动式管理基金经理根本就不可能及时撤出市场。

此外，单一的股市指数基金只是投资组合的一部分。因此，不要被理财顾问用某只指数基金与他卖的主动式管理基金的对比数据所愚弄。如法则五所述，理智的投资者会用债券指数平衡自己的投资组合。

他们或许会说："你不可能凭借一只指数基金战胜市场，它只能给你带来市场的平均收益。既然有那么多专业人士能帮你挑选出最好的基金，为什么还要甘当二流投资者呢？"

我曾听很多理财顾问这样说过。这真让我哑然失笑。如果主动式管理基金没有任何相关成本——既没有"12B1"费用、费用比率或者税收债务，也没有销售佣金、顾问咨询费或运营成本，这些销售员有可能是对的。的确，整体股市指数基金的收益能力非常接近市场的"平均"水平。从长期来看，全球约一半的主动式管理基金的"账目收益率"能够超过全球股市指数，而另一半的收益能力则会落后于全球股市指数。但如果要看到这种情况成为现实，你还必须生活在这样的"梦幻岛"上：

◆ 你的理财顾问免费提供咨询服务。他本人及其所在公司不收取任何追踪费用及销售佣金。他们那张能说会道的嘴会承担他们的衣食住行、度假、房贷及其他日常费用。

◆ 基金公司不赚取任何利润。雷蒙德·詹姆斯、罗威价格、富达基金、普南投资、高盛银行及其他"盈利型"资产管理公司变成慈善基金会。

◆ 研究人员提供免费市场分析。不仅基金公司用其服务造福世界，他们的各级研究人员也都是毫不利己专门利人的活雷锋，将他们有限的时间和精力投入无限的人类社会事业。

◆ 负责主动式管理基金交易的基金经理为客户提供免费服务，不收取任何费用。母公司也鼓励他们无偿交易股票和债券，而不是绞尽脑汁地去赚取薪金。

◆ 基金公司免收股票交易费。这将给大型经纪公司带来巨大的经济损失，但考虑到基金公司的"增值"任务，经纪公司将为基金公司的股票交易活动买单。

◆ 政府免征各种税费。由于基金公司给全社会带来的福利，全球政府均对应税收入大开绿灯。

如果上述极端理想化条件均成立的话，那没错，整体股市指数基金产生的收益只是非常接近市场的“平均”水平，而某些主动式管理基金则有可能超过“平均”水平。

但在现实世界中，那些坚信整体股市指数基金创造市场平均收益的理财顾问，无异于人模人样的木偶匹诺曹，或仍然坚信“地球是平的”的后哥伦布时代水手。

但一个执拗的销售员绝不会止步于此。随后，你或许就会听到这样的话：

我可以告诉你很多曾经打败指数的主动式管理基金。我们一定会为你选择最出类拔萃的基金。

这就好像从后视镜里看着最近 15 届英国高尔夫球公开赛的冠军说：“瞧，这就是过去 15 年英国高尔夫球公开赛的冠军。能获得冠军的人就是这样的。我凭这个就可以挑出能在未来 15 年获得冠军的人，把赌注压在我挑选的人身上吧。”

研究证明，曾取得过出色业绩的主动式管理基金极少能在未来延续辉煌。

我们不妨看看晨星的主动式管理基金评级系统。晨星拥有世界上最大的主动式管理基金数据库。很明显，你的本地理财顾问不可能拥有如此之完整的资料。但是我们在法则三里曾指出，因市场表现卓越而被晨星赋予较高评分的基金通常会在随后几年落后于市场指数基金。

即便晨星自己也意识到了这种不一致性。晨星全球研究部副总裁约翰·莱肯法勒（John Rekenthaler）曾在 2000 年秋季版《先锋内部消息》（*In The Vanguard*）中指出：“说句实话，我认为投资者没有必要对晨星的评级体系给予过多的关注。”

如果连权威评级机构晨星都不知道哪些主动式管理基金会是未来的市场明星，你的理财顾问又怎么能知道呢？尤其是在他们炫耀某只基金的历史业绩以劝服你时，你又怎么能相信他们的预言呢？

假如你是那种喜欢搞点恶作剧的人，不妨可以试试，下次再遇到某个理财顾问向你或是你的朋友兜售他的主动式管理基金时，如果他胆敢宣称该基金在过去 15 年让市场指数甘拜下风，你就这样跟他说：

> 嗯，听起来太棒了。他们居然能在过去 15 年里一直打败市场指数哦。那你现在就让我看看你 15 年来的个人投资账户吧。如果你能证明你从那个时候起就持有所有这些基金，我现在就把口袋里的每一分钱都投给你。

当然，这有点吹毛求疵。你不可能看得到他在这 15 年里的任何一份投资报告。但如果基金销售员确实是个老手的话，他或许会这样答复你的“无理取闹”：

> 可我毕竟是专业人士啊。我可以及时转移投资目标，选择最能赚钱的基金，利用全球经济波动创造的盈利空间，抓住热门股连续上涨的机会，轻而易举地打败分散化指数基金。

就像肉麻的情话会让你浑身起鸡皮疙瘩一样，很多理财顾问都会死皮赖脸地让你相信，他们对经济形势有着未卜先知的天赋，他们可以预见市场提供的机遇和即将到来的灾难。这些人想说的无非就是，他们的精准判断能让你超越指数组合。

但在财务敏锐性方面，基金经纪人和理财顾问显然是最拙劣的演员。这个行业的翘楚者是养老基金经理、主动式管理基金经理和对冲基金经理。大多数理财顾问正如美国著名财经评论员苏西·欧曼（Suze Orman）

评价的那样：“不过是衣冠楚楚、故弄玄虚的推销员而已。”

你的理财规划师或许只听过 2 节投资理财的入门课程。即便是注册理财规划师，也不过只需 1 年以上的经纪公司从业经历和不到 6 个月的脱产学习（关于投资产品、保险和理财规划），即可获得一张从业资格证。实际上，你只要晚上有规律地做些阅读，不用多久就能比大多数理财规划师掌握更多个人理财知识。他们之所以敢信誓旦旦地大包大揽，是因为其生计依赖于销售。而要说服你购买主动式管理基金，就需要获得你的信任。所以，这些技能是这些基金销售员最需要的。

著名仲裁律师丹尼尔·索林（Daniel Solin）在《你的经纪人是否欠你钱？》（*Does Your Broker Owe You Money?*）一书中曾提到，有一个经纪人告诉他：

> 培养一名新经纪人的过程很简单：参加理论学习，看完教材的第 7 辑、63 辑和 65 辑，参加保险知识考试。我只用了 3 个星期的时间就学会了证券销售。如果一个经纪人想了解资产配置及风险分散，就只能去自学了。

这或许可以解释，为什么在各个年龄段都有完全置债券于不顾的投资者。既然培训的首要目的销售技巧，那么，如此“出炉”的理财顾问根本不知道通过股票和债券分散投资风险也就不足为奇了。

在畅销书《投资的四大支柱》（*The Four Pillars of Investing*）中，美国著名财经作家威廉·J. 伯恩斯坦（William J.Bernstein）指出了大多数理财顾问在培训方面的巨大欠缺。他认为，任何投资者都应该阅读如下两本经典投资论著：

- 伯顿·G. 马尔基尔：《漫步华尔街》
- 约翰·博格：《共同基金常识》

他还说："在看过这两本书之后，你对投资的了解就能超过 99% 的股票经纪人和绝大多数所谓的专业金融人士。"

我个人非常赞同他的观点。

理财故事

两周就培训出一个理财顾问？

2004 年，我与好友戴夫·阿尔法维奇在加拿大哥伦比亚省白石镇（White Rock）的一家银行，曾遇到一位销售主动式管理基金的年轻女性。戴夫想开立一个指数基金账户，我此行的任务就是为他出谋划策。在交谈过程中，我发现这位女性理财顾问的专业知识相当欠缺。于是，我问她："你具备哪些资质认证，花了多长时间获得的？"她倒是跟我说了实话：她是在参加了一门名为"加拿大投资基金"（Investment Funds in Canada）的课程之后获得销售主动式管理基金的资格证的。据称，通过这门课需要参加 3 周时间的脱产学习，但她所在的培训班仅用 2 周的强化学习便学完全部课程。在参加学习之前，她对投资几乎一无所知。

一年后，我陪母亲去了另一家加拿大银行，帮她开立一个投资账户。我们的初衷是想把全部账户资金的 50% 投资股市指数，其余 50% 投资债券指数。当然，我们遇到的理财顾问一如既往地企图说服我们放弃这个计划。

不过，当理财顾问意识到我对投资的了解远远超过他时，她便不再口若悬河。但她的一番解释还是让我大吃一惊：

"首先，我们必须要了解客户。银行建议，如果客户对投资了解不多，我们就应该尽量说服他们购买基金的基金（Fund of Funds，即以其他基金为投资标的的基金，而不直接投资股票或债券。——译者注）。比如，由一系列基金构建的主动式管理基金。这种基金的投资成本往往要远高于常规的主动式管理基金。这种销售策略仅针对那些对投资几乎一无所知的投资者。

“如果投资者看上去很精明，我们就会采取一对一的方式，向他们推荐我们银行发行的主动式管理基金。对我们来说，由于这种基金盈利性不强，因此，我们还是要先向他们推荐其他产品。

“但是在任何情况下，我们都不会向客户推荐银行的指数基金。只有在投资者明确表示要购买指数基金，而且我们无法说服其放弃这个决定时，才会帮他买进指数基金。”

我很欣赏她的直白与坦率。但在谈话结束时，这位理财顾问还是让我帮她推荐几本介绍指数投资的书籍，并心满意足地记下几个书名。毕竟，她也要关心自己的理财账户呢。

3 年后，同一家银行的另一名销售代表给我母亲打来电话：“您的理财账户风险太大，建议您来银行一趟，看看我们能不能帮您调整一下投资组合。”

谢天谢地，我妈妈没有被对方的伎俩所迷惑。

实际上，将全部资金的 50% 投资债券指数，根本不存在什么风险，只不过无法让银行赚到钱罢了。如果你发现某个理财顾问拥有金融、贸易或商业等学科的本科学位，更要警惕他们。可以先另外找个拥有类似学位的人问一问：在你们的大学课程中，是否包括介绍主动式管理基金、指数基金以及如何建立个人理财账户来积累财富或养老等方面的课程?他们的答案大多会是否定的。所以，不要让不相干的附加头衔骗了你。

大多数经纪人和理财顾问实际上只是销售员，而且是行业内收入可观的销售员。在美国，证券经纪人的年均收入水平接近 15 万美元，其平均收入甚至超过律师、保健医生和大学名校的教授。这也让他们成为全美收入最高的 5 个职业之一。当证券经纪人的平均收入甚至要超过律师、保健医生和大学名校的教授。他们在向你推荐主动式管理基金时，他们其实和大街上假扮成营养学家兜售糖果、烈性酒或香烟的却假扮成营养学家的小商贩毫无区别。

指数基金让“理财精英”甘拜下风

理财顾问和证券经纪人显然属于金融体系金字塔底端的小喽啰。在这个金字塔那高耸入云的顶端，我们看到的将是对冲基金经理、主动式管理基金经理和养老金基金经理。

养老基金经理通常拥有理财领域最高等级资质，比如金融分析师。他们最清楚应该买什么。这些家伙手里掌握着巨额的政府和企业退休金。可以说，他们是精英中的精英。假如某地区的理财规划师胆敢应聘养老基金经理，来管理宾夕法尼亚大学教师或是新泽西州政府养老金的话，那肯定会让人笑掉大牙。

养老金基金经理往往对股市及经济形势有着敏锐的洞察力。他们完全可以按自己的意图去投资。通常，他们不必刻意关注某个地域或是某种类型的股票。全世界都是他们的主战场：想涉足欧洲股票，他们就会试手欧洲股；觉得小盘股的机会更好，就可以囤积小盘股；如果感觉股市短期行情不妙，他们会抛出部分股票，增持债券或是干脆持币观望。

在知识面和实战经验上，我们平常见到的理财规划师显然不及养老金经理。但大多数理财顾问还是想出手一搏，像养老金基金经理那样向你“兜售”他们判读经济形势和寻找最热门主动式管理基金的能力。他们会不遗余力地向你夸耀，他们能预见经济将在何时走向衰败，哪个股市将会牛气冲天，黄金、白银、小盘股、大盘股、石油股或者零售股是否会在本季度、本年度甚至这个 10 年里表现优异。

但他们卖弄的都只是噱头和吹嘘。

养老金基金经理显然比理财顾问或者证券经纪人更深谙赚钱之道。

既然应该把养老金基金经理奉为业内神灵，那么，他们的投资业绩是否能让多样化指数基金组合俯首称臣呢？

大多数养老金基金经理会投资比例是：60% 投资股票，40% 投资债券。此外，他们还拥有零售型债券发行商所不具备的优势：大公司养老金基金的费用远远低于你我这样的散户投资者，而且他们还不需缴纳所得税。

考虑到养老金基金经理对金融形势和财务状况的敏锐判断，再加上低成本和税收优惠，我们自然可以认为，美国的养老金基金应该可以轻而易举击败具有类似投资结构（60% 股票，40% 债券）的指数组合。

美国咨询公司 FutureMetrics 研究了 192 种大型企业养老金基金在 1988—2005 年的市场业绩。研究结果显示，仅有不足 30% 的养老金基金的收益能力超过持有 60% 标普 500 指数和 40% 企业债券指数的多样化组合。如果连大多数养老金基金经理都只能在指数基金面前甘拜下风，你的理财规划师又有多大的胜算呢？

用指数投资实现收益最大化

如果你对大多数理财顾问阐明这个事实的话，他们要么会拐弯抹角地把你搞糊涂，要么死皮赖脸不认账。

在后一种情况下，他们或许会这么说：既然这么简单，那所有养老金基金都去投资指数不就得了？

养老金基金经理和其他投资者都有一个共性，那就是乐观。他们中的大多数人都试图打败由 60% 股市指数和 40% 债券指数构成的组合。但他们并不愚蠢，很多养老金基金经理确实利用指数实现了收益最大化。

《新咖啡屋投资者》（*The New Coffeehouse Investor*）一书的作者、美国著名理财顾问比尔·舒尔特海斯（Bill Schultheis）指出，华盛顿州的养老金基金对全部股市资产进行了指数化，加利福尼亚州的养老金基金同样对 86% 的股票资产进行了指数化，纽约州的 75%、康涅狄格州的 84% 的股票资产均为指数基金。

但是，约 95% 的普通投资者却在购买主动式管理基金。他们的理财顾问对实证数据置之不理，只是一意孤行地扭曲现实，杜撰神话。于是，费用、纳税和“市场时机投资策略”失误让大多数人不得不白白断送超过一半的养老金。

坚守指数基金或许有点枯燥乏味，但它却能让投资者捕捉到市场上最肥美的那块肉，从而借助股市和债券市场实现财富最大化。

武装到牙齿，全力抵抗金融“剥削”

耶鲁大学捐赠基金经理大卫·史文森（David Swensen）提出，美国政府必须阻止主动式管理基金行业对个体投资者的剥削。美国拥有一些世界上成本最低的主动式管理基金。但我不知道他如何看待加拿大、英国或是新加坡的基金成本，因为在这些国家，基金的投资成本要高得多。但我们不可能坐等政府出台监管政策。抵抗剥削的最佳武器就是自我教育。你或许没有在中学里学到这些投资理财常识，但现在学也为时不晚。

很多有识之士已经认识到以理性思维武装自己的必要性，并积极采取措施教育投资大众。谷歌的副总裁乔纳森·罗森博格（Jonathan Rosenberg）就是他们中的一员。

理财故事

谷歌高管联合抵抗金融“剥削”

2004年8月，谷歌的股票在交易所公开上市。随着股价飞涨，很多早已持有公司非上市股份的谷歌职员在一夜之间便成为百万富翁。

谷歌奇迹造就的“富翁”吸引了来自JP摩根大通、瑞银（UBS）、摩根士丹利以及合众金融等知名金融机构的无数理财顾问。就像饥饿难耐的鲨鱼闻到了血腥味，这些理财顾问们围着谷歌的大楼团团转，每个人都想溜进公司总部，好找机会向这些暴发户们兜售主动式管理基金。

但谷歌的高管们已看穿这些理财顾问如意算盘背后的自私和贪婪。在允许他们进入谷歌地盘之前，谷歌专门邀请了一系列特约讲师，来给他们的职员讲授理财知识。

2008年，《旧金山人》（*San Francisco*）杂志的专栏作家马克·多维（Mark Dowie）曾就此事写了一篇文章。他写道，最早受邀演讲的是1990年诺贝尔经济学奖得主、斯坦福大学教授威廉·夏普(William Sharpe)。他建议谷歌的新贵们要尽可能规避主动式管理基金：“千万不要试图打败市场。应该把自己的钱投资于某些指数型基金。”

一周后，伯顿·G.马尔基尔紧随而来。这位普林斯顿大学的经济学教授同样敦促谷歌的员工建立指数化基金组合。他对70年代以来的主动式管理基金投资进行了系统研究，并据此坚信，在长期内，任何人都不可能找到能够超越整体股市指数的主动式管理基金。绝对不要相信包括经纪人、投资顾问、友人或者杂志提出的与此相反的观点。

接下来，谷歌的员工更加幸运，因为他们请到了约翰·博格做演讲。作为投资领域中“小人物”的代言人，博格以其超凡的金融天赋创建了非营利性投资机构——先锋集团。他的观点和上述两位投资巨人不谋而合：在谷歌这艘巨轮周围逡巡不散的证券经纪人和理财顾问只有一个目的，他们就像一部庞大的剥削机器，通过高收费掠走你腰包里的每一张钞票，等到你醒悟过来时，一切都为时已晚。

当鲨鱼最终靠近船舷的时候，谷歌的富豪们早已武装到了牙齿。于是，在这些衣冠楚楚、伶牙俐齿、风度迷人的理财顾问面前，他们丝毫不为所动。

我希望你也能像谷歌人这样。切莫忘记：在大多数理财顾问的心目中，指数基金就是无毛可拔的铁公鸡。假如你现在就有一位这样的顾问，而且你还没有投资指数基金，那么，仅凭你组合中对指数基金的严重忽视，你就可以认为，理财顾问与你的利益是完全对立的。再去询问你的理财顾问如何看待指数，显然就是在白白浪费时间。

每次我在研讨会上介绍指数基金之后，都会听到有人说：“我准备向我的理财顾问了解一下指数基金的事情。”这无异于向麦当劳餐厅的老板讨教“汉堡王”的经营之道，他根本就不会对你讲真话。无论是麦当劳餐厅的老板，还是你的理财顾问，都不愿意让你靠近他们的天敌一步。

他们更不想让你注意到哈佛大学捐赠基金的领袖杰克·梅尔（Jack Meyer）的言论。在接受《彭博商业周刊》（*Bloomberg Businessweek*）主编威廉·西蒙德（William C. Symonds）的采访时，杰克·梅尔曾说过：

> 投资行业就是一个无比巨大的骗局。通过交易成本和名目繁杂的费用，它每年都会让投资者损失几十亿美元……大多数人认为自己能找到业绩超群的基金经理，但他们完全错了。你只能依赖于指数基金，千万不要怀疑它。

统计数据用事实表明，投资指数基金是保证投资成功几率最大的方式。但这也意味着，在大多数人屈服于主动式管理基金销售员的花言巧语而沦为二流投资者的同时，你必须要坚持立场，固守自己的阵地。假如你想凭借中低等收入成为富翁的话，你就必须远离大多数理财顾问向你兜售的高价货。

不过，最大的危机还是在于投资者自身：当他们开始四处撒网，试图打败指数的时候，他们就已经深陷险境了。在法则七里，我们将阐述投资者经常遇到的一些误区，并提出相应的对策。

你掌握“致富黄金法则七”了吗?

1. 什么是“致富黄金法则七”?

◆ 捂紧你的钱包，躲开理财顾问的“糖衣炮弹”。

很多理财顾问都会用令人眼花缭乱的业绩忽悠投资者，其目的无非是让客户为他们的丰厚收入买单。

“市场时机投资策略”听起来很完美，但理财顾问根本就不可能如此精确地把握市场时机实现低买高卖。

在创造近期历史中最大跌幅纪录的 2008 年，绝大多数主动式管理基金经理根本就不可能及时撤出市场。

2. 怎么运用“致富黄金法则七”?

◆ 准备好如何应对理财顾问的“糖衣炮弹”。不要被口若悬河、风度迷人的理财顾问用辉煌的历史业绩、某个对比数据给愚弄了。

◆ 自主学习投资理财常识，用理性的投资理念武装自己，抵抗金融业的“剥削”。

◆ 坚持进行指数化投资。在有效削减成本和避税的同时，建立起低效理财产品所无法构建的账户规模。

研究证明，曾取得过出色业绩的主动式管理基金极少能在未来延续辉煌。

学术研究和统计数据都表明：要在股市赢得更多获利的机会，最关键的就是要利用低成本的指数基金，这是保证投资成功几率最大的方式。

3. 为什么要掌握“致富黄金法则七”？

◆ 理财顾问培训的核心课程是销售员，很多理财顾问根本不知道通过股票和债券进行投资风险分散。

◆ 自主学习理财常识才能真正地武装自己，捍卫你的腰包。理财顾问不可能对你讲真话。

◆ 假如你想凭借中低等收入成为富翁的话，你就必须远离大多数理财顾问向你兜售的“高价货”主动式管理基金。

在长期内，任何人都不可能找到能够超越整体股市指数的主动式管理基金。绝对不要相信包括经纪人、投资顾问、友人或者杂志提出的与此相反的观点。

拥有理财领域最高等级资质的养老金基金经理的投资业绩都得向多样化指数基金组合拱手称臣。事实上，很多养老金基金经理都是通过指数实现了收益最大化。

“尽可能地规避主动式管理基金，千万不要试图打败市场。应该把自己的钱投资于某些指数型基金。”1990年诺贝尔经济学奖得主、斯坦福大学教授威廉·夏普如是建议身价百万的谷歌新贵们。

MILLIONAIRE TEACHER

致富黄金法则八

投资领域诱惑多，理性抵制是关键

每年 54% 的回报，究竟隐藏着怎样的陷阱？他的 4 万美元变成了 1 000 美元！你还敢相信存股报告吗？

为什么说黄金没有任何投资价值？

若在 1801 年花 1 美元买黄金，到今天只够给小汽车加满油；如果买股票，2011 年时已变成 10 150 000 美元！

Avoid Seduction

在自主理财的过程中，最大的问题在于如何规避形形色色的骗局和诱惑。实际上，要打败大多数专业投资者很容易——投资指数基金即可。但有些人却经常会不知深浅地去尝试其他投资形式。

试图以新的理财策略去创造财富或许是投资者作出的最糟糕的选择。如果某种方法让投资者在 1 年、3 年或是 5 年时间里尝到甜头，它就有足够的魅力引诱投资者再冒险尝试一次。**但对投资者来说，最重要的就是要学会自控，不要被看似来得容易的钱所诱惑**。那是一个充斥着伤害与欺骗的世界，在那里，无数流氓与无赖在绞尽脑汁地榨取我们来之不易的积蓄。

在这一章，我们将揭穿理财市场的诸多骗术，让“一夜暴富”或是“天上掉馅饼”的鬼话大白于天下。希望你能避开这些陷阱。

回报率诱人的产品都是需要警惕的！投资时，那些用鲜花装饰的陷阱很可能你也会遇到。我说这话并非耸人听闻，而是自身的教训总结。在涉足投资领域未深的时候，我曾犯下过很白痴的错误，那次几乎让我泥足深陷的投资经历，今天回想起来仍旧会捶胸顿足。

也许是自我辩解吧，但我认为：任何一个声称自己从未在投资方面做出过愚蠢决定的投资者，很有可能是在撒谎。因此，我打算放下面子，敞开心扉，说一说我曾经做过的最愚蠢的投资决策。这或许可以帮你避免犯下类似的错误。

理财故事

54% 的回报让我大流口水

1998 年，一个朋友问我是否愿意投资一家名为“即时现金贷款”(Insta-Cash Loans)的公司。这个朋友还神秘兮兮地小声告诉我：“他们每年可以支付 54% 的利息。我听说已经有人投资这家公司，而且已经收到利息回款了。”

对于一知半解的投资者来说，高回报率本应是最危险的警报。那段时间，我阅读了一些相关资料并意识到，世通（WorldCom）之流所发行的利率高达 8.3% 的高收益公司债，完全是一个极端危险的陷阱。在大多数企业债券仅能支付 4% 利息率的情况下，如果一家公司发行支付 8.3% 利率的债券，迟早会让他们资不抵债血本无归。在发行债券之后不久，世通便宣告破产。实际上，他们是在用银行借款来支付债券利息。

然而，与我朋友提到的那家号称“54% 年收益率”“即时现金贷款”公司相比，世通公司原本就已高得离谱的利率显然有点小巫见大巫了。吓得目瞪口呆的我不禁意识到风险投资领域有多么疯狂，于是，我告诉这位朋友：

“即时现金贷款公司实际上并没有支付 54% 的利息。你看，假如你把 1 万美元交给这家公司，公司在年终以‘利息’形式向你支付 5 400 美元的回报，你实际上只收回了投资本金的一半多一点。如果他们拿着这 1 万美元逃到马来西亚的山谷，你就被骗了，因为你损失了足足 4 600 美元。”

这似乎已经够疯狂的了。但更疯狂的是，我最终竟然改变了主意。

一年后，那位朋友告诉我，他已经收到了 54% 的利息回款。但我还是坚持自己的观点：“你根本就没有得到那么多的回报，而且你最初投入的钱还有蒸发的可能。”

在第二年，他再次收到54%的利息回款，公司将4.5%的利息按月存入他的银行账户。

尽管依旧认为这是一场骗局，但我的坚定却在不断减弱。眼前的一切似乎表明，他已经在这场游戏中战胜了我，因为他收到的利息总额毕竟已超过了原始投资。于是，他把投资增加到8万美元，公司每年支付给他的"利息"也达到了43 200美元。

作为一个退休人员，他可以凭借这些利息周游世界了。在此期间，他去过阿根廷、泰国、老挝和夏威夷，而为他买单的当然是那笔令人匪夷所思的投资。

大约5年后，他说服我认识了这家公司的老板达尔·克莱恩(Daryl Klein)，没错，这是他的真实姓名。那么，"即时现金贷款"公司到底是如何保证向所有投资者支付54%的利息呢？我很想知道他们到底是怎样运作的。

我和一位同样对此感兴趣的朋友，驱车来到这家公司位于哥伦比亚省纳奈莫市（Nanaimo）的总部。在把车停在达尔办公室门前时，我疑窦丛生。达尔居然就站在人行道边，穿着一件皱皱巴巴的衬衫，袖子卷到肘部，手里夹着一支香烟。

我们在达尔的办公室落座后，他开始介绍公司业务情况。最初，他本想开一家典当行，但很快就改变了初衷，因为他发现了一个更赚钱的行当，就是以汽车做抵押的放贷业务。于是，"即时现金贷款"公司便应运而生了。

在轻松惬意的谈话氛围中，达尔向我们道出了公司的经营诀窍：

"我向那些原本没有能力获得贷款的人提供小额短期贷款。比如说，一个不动产销售代理他打算买一套新的音响设备。但他手里却没有足够的现金，而信用卡也已经过度透支。这时，他就可以来找我。""你是怎么做的呢？"我感到很好奇，而且急于知道其中的奥秘。

很简单，如果他当时拥有一辆汽车，他就可以把它的所有权暂时转让给我，我则向他提供一笔贷款。汽车只用作担保，他还可以继续使用这辆车，但所有权则属于我。对于这笔贷款，我要向他收取不菲的利息，外加一笔典当费。如果他不能按期还款，我就可以合法地正式拥有这辆车。如果他能按时偿还贷款，我就要把汽车的所有权交还给他。

我继续问："如果他和汽车一起人间蒸发呢？"

"我雇用了很多退休妇女，她们的任务就是随时跟踪这些汽车的行踪。我记得曾有一个家伙违约之后，开着汽车跑到很远的地方。一位妇女很快就发现，他逃到了安大略省（距离达尔公司所在的哥伦比亚省约6个小时的航程）。就在这家伙还没有意识到的时候，我们已经把这辆车托运回了哥伦比亚省。最终，我们还是把贷款利息外加汽车托运费的账单送到了他手里。"

这听起来是一种相当有效的操作模式。但我最想知道的还是这家伙有没有良心。我继续问："嘿，达尔，你是否原谅过某些没有履约还款的人呢？"

听到我的问题，达尔向后靠在座椅上，脸上流露出一丝自得的微笑。他给我讲了一个故事：有一位女士以家用房车为抵押在他这里借款。尽管这位女士后来违约，但她却认为达尔占有房车是不公平的。她的丈夫并不了解这笔贷款。于是，他带着律师来到达尔的办公室，但合同是千真万确的，即便是律师也无计可施。

但达尔告诉我，出于对这位女士的同情，他后来还是把这辆家用房车的所有权归还了她。

这似乎是一种近乎神奇的经营模式。

不过，任何人都不能保证让你的钱实现54%的回报——以前没听说过，现在更没有。像伯纳德·麦道夫，这位在美国资金管理领域叱咤风云的管理者，以10%的最低回报率诱惑了很多大人物，让他们义无反顾地将大把大把钞票扔进其精心编织的吸金陷阱中。在这个过程中，麦道夫骗走了投资者 650 亿美元。他口口声声说，他是在为客户赚钱，因为他把大部分资金投资于股市。但实际上，他不过是在拆东墙补西墙，用新投资者的存款支付老投资者的“利息”。客户看到的账户余额完全是不真实的。如果投资者要收回投资款，麦道夫就会从其他投资者的款项中提取资金支付给他们。

但纸最终还是包不住火，2008 年全球金融危机让麦道夫的骗局大白于天下，此时，投资者已经血本无归。在这些受害者中就包括影星凯文·贝肯（Kevin Bacon）及妻子凯拉·塞吉维克（Kyra Sedgwick）和国际大导演史蒂文·斯皮尔伯格（Steven Spielberg）等，他们在麦道夫的骗局中损失了数百万美元。

不过，与达尔“送给”投资者的 54% 大餐相比，麦道夫所承诺的收益率只能算是小菜一碟了。

理财故事

我一生中最愚蠢的一次投资

在 2001 年，尽管达尔信誓旦旦，我也还是没有投资。但我的朋友却一直在收获利息，当时他收到的汇款就已超过 10 万美元。到 2003 年的时候，我终于按捺不住了。达尔的公司一直在为我的朋友创造财富，这让我的“第六感”不断向贪婪靠拢，危险开始战胜谨慎。我再次找到达尔，向他的公司投资了 7 000 美元。然后，我又说服自己所在的投资俱乐部，和我一同去体验这番闻所未闻的新感觉。

我的努力获得了回报，他们同意先投资 5 000 美元。之后，每月到账的 4.5% 利息让我们颇为得意。一年之后，投资俱乐部追加了 2 万美元投资。

唾手可得的财富让我的其他朋友羡慕不已。一个朋友干脆贷款 5 万美元，直接投入“即时现金贷款”公司，之后每月收获 2 250 美元的回报；另一个朋友则一股脑地投入十几万美元，每年即可得到 54 000 美元的收益。但事实上，就算是“爱丽丝仙境”，都比我们这些傻子的“财富天堂之梦”来得更现实些。

和那位入狱的麦道夫导致的后果一样，这场梦境一般的盛宴在 2006 年戛然而止，留给投资者的是一片狼藉。事实上，我们从来就没有认真地想过，从一开始，达尔的公司是否就是一场彻头彻尾的骗局。达尔确实是在向投资者支付利息，但其来源不过是其他投资者的存款而已。纵然他精心策划，但由于缺少真正有效的经营计划，最终还是让他亲手制造的财富骗局大白于天下。

最终，达尔被指控违反当地证券法，并禁止他在 2026 年 4 月之前从事任何与证券行业相关的活动。

尽管达尔的骗术已大白天下，他本人也接受了法律制裁，但这却无法补偿投资者的损失。少数投资者甚至用他们的房产做了抵押。这个代价实在太沉重了。

我们的投资俱乐部仅仅收到了几个月的利息，这让我们的投资损失了 25 000 美元。至于我自己的 7 000 美元投资，当然也一起灰飞烟灭了。而那位借了 5 万美元贷款用于投资的朋友，在 2006 年“即时现金贷款”公司破产时，也只不过收取了 10 个月的利息，至于剩下的投资全部化为乌有。

这对所有投资者来说，都是一次血淋淋的惨痛教训。在我们的生活中，总会有人时不时地做出某些获利丰厚的承诺。对此，请千万不要信以为真。它们只能给你带来遗憾和痛苦，当然也少不了在你银行账户上留下黑洞。

看清投资荐股报告背后的真相

1999 年，我在上文提到过的投资俱乐部开始尝试选股。我们订阅了一份名为《吉尔德技术报告》（*Gilder Technology Report*）的投资荐股材料，其发行人是乔治·吉尔德（George Gilder）。令人难以置信的是，这个人竟然还活跃在投资市场。在网上搜索一下，就可以看到刊载其选股报告的一个网站。他在上面声称自己的组合在过去 3 年里实现了 155% 的回报率，如果你现在买进他推荐的股票，只需支付 199 美元便可订购 12 个月的在线版股评报告。假如你已经因这种促销伎俩而跃跃欲试了，那就先来听听我的故事吧。

早在 1999 年的时候，就有人试图让我们相信：吉尔德的手里握着开启财富大门的金钥匙。但对我们来说，他却是痛苦的使者和灾难的阎王。今天，假如吉尔德胆敢在线公布他在过去 11 年的投资业绩，而不是用未经审计的 3 年期历史收益去诱惑投资者，肯定会让人们像对待瘟疫一样避之不及。他的选股历史就是一部让追随者跌入万劫不复深渊的血泪史。

我们从 1999 年开始购买《吉尔德技术报告》，按他推荐的股票投入了真金白银。现在，我只希望我那些投资俱乐部的朋友们不会看到本书。如果他们知道吉尔德还在用他的财富梦想骗人钱财，他们肯定想把他塞进木桶，扔到大河里。

在法则四里，我曾介绍过一些科技股公司，以及它们的股价如何在 2000—2002 年一泻千里。2000 年，曾有人在投资报告中积极推荐投资者买进北电网络、朗讯科技、捷迪讯光电以及思科系统。你应该能猜得这个人是谁，他就是乔治·吉尔德。

表 8.1 列出了这些股票的现状。假如你在 2000 年向吉尔德推荐的上述 4 只股票投资 4 万美元，那么，到了 2002 年，你手里就只能剩下 1 140 美元了。

那么，你还要赚多少钱才能收回 4 万美元的本钱呢？

——如果按百分比计算，需要你的投资实现 3 400% 的收益率。

天哪！这会不会成为最新一期《吉尔德技术报告》的标题呢？

如果真发生这样的事情，吉尔德肯定会马上把这些光鲜的数字发布在他的网站上，而过去 3 年区区 155% 的收益率则会立刻被删得干干净净。

吉尔德的选股技术把投资者扔进了深不可测的大峡谷，但他还在大言

表 8.1 科技股大崩溃（2000—2002 年）

股票名称	2000年的最高价	2002年的最低价
亚马逊网站	$10 000	$700
思科系统	$10 000	$990
康宁公司	$10 000	$100
捷迪讯光电	$10 000	$50
朗讯科技	$10 000	$70
北电网络	$10 000	$30
价格线	$10 000	$60
雅　虎	$10 000	$360

资料来源：晨星及《漫步华尔街》。

不断地吹嘘，他如何带领投资者沿着悬崖峭壁又爬上了 50 英尺。如果把他真正的选股技术如实相告的话，他将注定无法再取信于投资报告的订阅者。**世界上根本就不存在通往一夜暴富之门的钥匙，因此，千万不要被极具诱惑的广告宣传所迷惑欺骗。**

咱们开个玩笑吧，姑且假设吉尔德在 2000 年选择的股票确实在 2002—2011 年实现了 3 400% 的收益。这肯定会让很多人惊叹不已，但绝不会打动我。如果扣除吉尔德的追随者们在 2000—2002 年的亏损，那么 10 年之后，3 400% 的收益率只能让他们的投资保本而已，而且这还没有考虑到居高不下的通货膨胀率。

即使真的存在这样的长期追随者，那他们最好的结局也只能是不亏不赚。但时至今日，在他的追随者中，又有多少人还在沿着大峡谷最陡峭的悬崖峭壁拼命向上爬呢？我想，即使曾经有过，也早就渴死了。

为你揭下“快速致富经”的面纱

我们都知道，在考虑纳税和费用的情况下，主动式管理基金打败多样化指数基金的几率是微乎其微的。但荐股报告会如何写呢？市面上，各种精彩纷呈、令人心动的荐股报告比东京地铁里的人还要多。但他们（比如吉尔德）借以发挥的题目无非是精挑细选的个别股票，对其超常的收益能力大加吹嘘，让涉道不深的投资者垂涎不已："运用特殊的选股策略，我们的股票已在过去13个月内实现了超过300%的增值，现在，每月只需花费9.99美元，您也可以分享这些最新的致富秘诀！"

我们不妨动动脑，假如某人的赚钱速度比沃伦·巴菲特快10倍，这个人不就应该名列"福布斯"400排行榜的榜首了吗？如果他真的能只手玩转股市，为什么还要浪费那么多时间在键盘上敲来敲去，只为了把一份才卖9.99美元的垃圾刊物兜售给你呢？

还是来看看现实社会中的真实数据吧。

大多数投资荐股报告都会像蜻蜓一样：楚楚动人地扑扇着翅膀，但寿命却短得可怜。犹他大学的约翰·格林汉姆（John Graham）与杜克大学的坎贝尔·哈维（Campbell Harvey）对1980—1992年12年间的15 000多家发行投资报告的公司的情况进行了跟踪。他们发现，居然有94%的公司在此期间相继破产。

假如某一份投资荐股通讯能找到像麦迪斯（Midas，希腊神话中一位能点物成金的国王。——译者注）这样的神人为投资者挑选股票，那它当然可以在这个行业屹立不倒；假如他们预言的高回报总能让投资者梦想成真，那他绝对会成为这个领域的王者；但假如他们的预言总是落空，投资者当然也不愿意再去理会这些吹嘘了，这样的投资通讯自然也就失去了存在的基础。

某些机构专门跟踪财经通讯的股票业绩，《赫伯特金融摘要》就是其中之一。在2001年1月的一篇文章中，这家美国知名财经期刊指出，他们对160份在业内颇受推崇的荐股报告进行了跟踪调查。但是在这160家发行荐股报告的公司中，仅有10家推荐的股票在过去10年内的业绩超过了大盘指数。按照这样的统计结果，根据荐股报告进行投资并最终超过大盘指数的概率还不到7%。换句话说，一份荐股广告如果写成这样，还怎能俘获投资者呢？

你可以投资于整体股市指数基金，也可以采取我们荐股报告中所述的策略。我们落后于指数基金的概率为93%。还犹豫什么，赶快订购吧！

这就是荐股报告后的真相。如果投资者洞悉真相，那么，这些投资荐股通讯或许也就没有存在的必要了。

除了远离荐股报告外，有时我们或许还要抵御高利率公司债券的诱惑。毫无疑问，我们应尽量别投资这种债券。如果一家公司的财务状况出现问题，它就很难从银行获得贷款，此时，它可能会以较高的利息率来吸引喜欢冒险的投资者。但这往往蕴藏着危险：一旦企业陷入财务危机，它自然也就无力偿付利息。更糟糕的是，你甚至连本钱都无法收回。

支付高利息的债券因为缺乏稳健的财务保障，被称为垃圾债券（Junk Bonds）。**实践经验说明，理智的保守要比跨过峡谷去摘取一朵花儿更为可取。**

谨慎投资GDP快速增长的新兴市场

一个朋友曾经告诉我："我的投资顾问认为我现在还很年轻，完全可以把全部资金投资于新兴市场基金。"他的理财规划师或许在想：几十亿曾经一贫如洗的中国人和印度人，现在可以衣食无忧地坐在50英寸液晶平板电视前面，一边吃一边看。

毫无疑问，想到飞速发展的经济可能带来丰厚的投资收益，都不免让所有渴望财富的人两眼放光。但所谓"三思而后行"，投资最忌讳让贪婪压制了理智。

从历史上看，快速增长经济环境下的股市收益并不总是超过低速增长经济环境下的股市收益。根据摩根士丹利的资本指数及国际货币基金（IMF）提供的数据，伯恩斯坦在《投资者宣言》（*The Investor's Manifesto*）一书中指出，就历史情况而言，1988—2008年，按GDP计算属于经济快速增长的国家，其股市的收益率反倒低于低速增长国家。

来自耶鲁大学著名的机构投资者大卫·史文森始终告诫捐赠基金经理人，千万不要掉进GDP增长率陷阱，这一点在表8.2中有所显示。

表8.2 新兴市场的投资者未必总能赚到更多的钱

指数名称	1985—2006年的年均增长率	10万美元的初始投资连本带利可收回金额
美国指数	13.1%	$1 326 522.75
发达国家股票指数（英国、法国、加拿大和澳大利亚）	12.4%	$1 164 374.09
新兴市场股票指数（巴西、中国、泰国和马来西亚）	12%	$1 080 384.82

资料来源：《领导潮流的组合管理技术》，大卫·史文森。

在写给机构投资者的《领导潮流的组合管理技术》（*Pioneering Portfolio Management*）一书中，史文森指出，从1985年（即世界银行国际金融公司开始计算新兴市场股票收益率的起始时间）到2006年，发达国家股市为投资者创造的回报要高于新兴市场国家。

新兴市场或许令人振奋，因为他们的经济会像火箭一般上涨，而后像彗星一样陨落，然后又会像火箭一样再次飞升。但你没有必要让自己的组合也这样大起大落，跌宕起伏。所以最好在你的投资组合中加入全球股市指数基金，不要让新兴市场指数占太大比例。

显然，新兴市场能否成为未来的胜利者，还是一个悬而未决的问题。为以防万一，当前明智的选择还是根据历史调整期望，尽量减少投资风险。

"炒黄金"不是投资，而是投机

在财富教育方面，学校灌输给学生的东西有时是有害而无益的。不信的话，请在大街上随便找个人，问问他们对投资的了解，他们的回答肯定会让你哭笑不得。

你可以找个受过高等教育的人，让他们想象一下：假如他们的祖先在1801年购买了价值1美元的黄金并将它保存到今天，会值多少钱？

他们肯定会瞪大双眼，露出无限憧憬的神色，想象着卖掉这块黄金可以购买很多平日里想都不敢想的好东西。一艘游艇或是一架私人飞机，说不定甚至可以买一座小岛。

但图8.1却无情地击碎了这个美妙的彩色泡沫。卖掉这块黄金只能让他们给自己的小货车加满油。

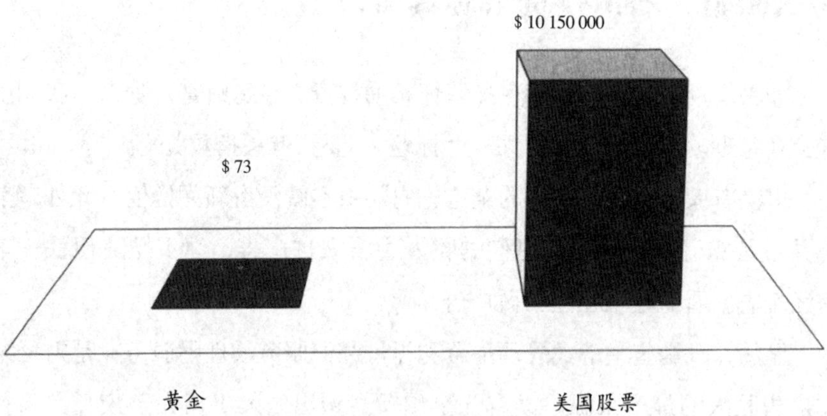

图8.1　黄金与美国股票（1801—2011**年**）

这块在1801年价值1美元的黄金，到2011年也只不过价值73美元而已。

那么，如果在1801年用1美元投资美国股票，到2011将会怎样呢？

嗯，那你就真的可以开始考虑你的游艇了。在1801年投资美国股票的1美元，到2011将会变成10 150 000美元。

有些人希望囤积黄金，以期在经历金融灾难时，能把闪闪发光的金条换成干面包；还有一些人则试图把握金价变动的时间，在价格上涨时买进黄金，期待着赶在下跌之前卖出。但这不是投资，而是投机。在200多年的时间里，黄金价格就像踩着弹簧的孩子一样，上蹿下跳，但是在扣除通货膨胀的影响之后，黄金价格并没有实现真正的增值。

我比较看好“热带海滩投资法”（Tropical Beach Approach）：

◆ 买进价格围绕金价呈周期性变动的资产（通过建立固定比例的股票与债券指数组合即可达到这一目的）。

◆ 在热带海滩上挂起一幅吊床，躺下来晒太阳。

◆ 沐浴温暖的日光，耐心享受长期利润。

瞪大眼睛，看清投资杂志真面目

如果投资杂志能以利他主义情怀帮助投资者创造财富，那么，我们或许会在每期的封面上都看到同一个标题：“要买就买指数”。

但没有人愿意购买这样的杂志，它们根本就没有新闻价值。此外，杂志并不是靠订阅费赚钱，它们的收入主要来自广告。你不妨随便找一本财经杂志，看看是谁在上面做广告。

显然，以销售主动式管理基金和提供经纪服务的理财服务业是财经杂志广告收入的最大来源。没有几个编辑会跑出去爬上树大声疾呼“寻找打败市场指数的主动式管理基金是痴心妄想”这样的实话。正因为如此，我们才会经常在财经杂志的封面上看到这样的标题：“2011 年最热卖的主动式管理基金”。

2005 年，我曾为 *MoneySense* 杂志撰写了一篇名为《我如何凭中低等收入成为富翁》的文章，在文中提到了一位成为百万富翁的技师拉斯·佩里（见法则一），并介绍了他对购买新汽车的看法：买新车并不可取，最合理的办法就是买二手车。

在与 *MoneySense* 杂志主编伊恩·麦古甘的谈话中，我听说了一件不可思议的事情。

美国最大的汽车制造商之一曾给麦古甘打来电话威胁他，如果 *MoneySense* 继续发布此类负面观点，他们将取消在该杂志上的广告。由此可见，对于财经杂志行业，很多隐形势力迫使他们不得不放弃真理。

在创作本书时，我手头有一本 2009 年 4 月份的 *SmartMoney* 杂志。这本杂志或许是在金融危机爆发前一个月出版的。

它并没有欢欣鼓舞地大声吆喝“大减价了，快来买股票吧！”，而是顺着人们的惯常思维来煽风点火：封面是一摞 100 元面值的美钞，用带着挂锁的铁链子捆在一起，并配以令人抓狂的标题，譬如“保卫你的金钱”“五大稳赚不赔的债券基金”“把你的现金放到何处”以及“现在如何买黄金”等。

看看这都是些什么标题啊！但他们不得不这么做。当普通公众被熊市吓坏了时，会本能地寻找帮助他们摆脱困境的心灵鸡汤。他们最想知道的是如何逃离股市，而非将大甩卖的股票尽收囊中。当公众惶恐不安时，给他们带来最亟需的安慰，就是财经杂志的经营之道。但是，如果你和别人一样惊慌失措，还怎么能赚到钱呢？

我的本意不是针对 *SmartMoney* 杂志。我想象得出，把这些荒诞的标题堆在一起，是多么让人为难的事情。这些文章的作者都是聪明人，他们深知，**在熊市里买进低价股就是最有效的财富积累策略，尤其是对于长期投资者而言更是如此**。但是对大多数人来说，熊市远比直肠检查更可怕。此时，大肆宣扬债券基金和黄金的投资策略，显然是投资期刊最有效的卖点。

我们不妨看看，如果采纳 2009 年 4 月版 *SmartMoney* 的投资建议，投资者将面对何种情况。

它建议投资者持有如下几种债券基金：奥斯特维斯战略收入基金、罗威价格免税收入基金、骏利高收益基金、邓普顿全球债券基金以及道奇－考克斯收入基金。

表 8.3 表明，如果对利息进行再投资，2009 年 4 月—2011 年 1 月，*SmartMoney* 推荐的债券基金将实现 32.8% 的平均收益率。那么，这期 *SmartMoney* 杂志推荐的黄金又表现如何呢？随着黄金价格创造历史新高，同期黄金行情的变化给投资者带来了 46% 的收益率。

表 8.3 *SmartMoney* 推荐的债券基金增长率
（2009 年 4 月—2011 年 1 月）

奥斯特维斯战略收入基金	34%
罗威价格免税收入基金	13%
骏利高收益基金	58%
邓普顿全球债券基金	34%
道奇－考克斯收入基金	25%
平均收益率	32.80%

资料来源：晨星。

到此为止，这期杂志推荐的投资策略表现还算不错，前提是你还没发现被它忽略掉的东西。那就是：股票价格相比企业盈利已跌至 10 年最低点，这本杂志的标题其实应该是“快来买股票！”

但他们却并没有这样做，如图 8.2 所示，股票在 2009 年 4 月—2011 年 1 月的收益率远远超过债券和黄金，*SmartMoney* 的读者也因此与更丰厚的利润擦肩而过。

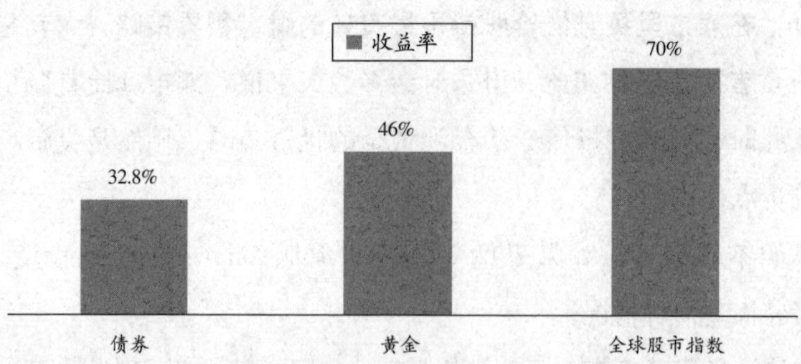

资料来源：晨星。

图 8.2 债券指数和黄金与股票的对比（2009 年 4 月—2011 年 1 月）

在此期间，以先锋基金的美国股市指数为准，美国股市大盘总体上涨 69%，先锋的全球股市指数上涨 70%，先锋的全球指数也同样暴涨 70%。没有比较就没有鉴别，如此巨大的反差表明，既要迎合广告商和读者的口味，吸引他们订阅杂志，又要尽可能地预测市场动向，是一件多么艰巨的任务。

对冲基金：偷富人钱包里的钱

有些有钱人很瞧不上指数基金。在他们看来，如果更多地依赖专业理财，他们完全可以实现更高的回报。不妨以对冲基金为例。对很多信用能力强、有能力参与风险更大的财富游戏的投资者来说，对冲基金显然更能吸引他们的眼球，尽管收费高昂，但还是成为全球最受青睐的理财产品。

但迄今，对冲基金依然不出意料地表现平平。统计数字表明，指数基金仍然是更优的投资选择。对冲基金的风险太大，固有的缺陷难以弥补它的优势。所以，它所带来的痛苦也远远多于快乐。

先看看对冲基金的优势

与中低等收入投资者必须在他们的工资收入范围之内投资不同，玩对冲基金的都是有钱人，因此没有投资限额，这使得对冲基金敢于和货币市场或股市一争高下。在市场下跌时，如果对冲基金经理做空市场（指预期股市会下跌，将手中股票按当前较高价格卖出，待股市下跌后再买进，即通过高卖低买获得差价利润。——译者注），把赌注压在市场将进一步下跌，并在市场彻底崩盘时回收投资。

这样，对冲基金就完全有可能借熊市大赚一把。由于对冲基金仅面向对市场有深刻认识的高端投资者，对冲基金经理就可以集中投资于个股或其他具有类似特征的投资产品，而不同于一般的主动式管理基金为保证投资风险的分散化而采取对单一投资对象最高限额的严格限制。如果对冲基金经理的大赌注如愿以偿，投资者自然收获颇丰。

对冲基金明显的缺陷

通常，对冲基金每年都要根据投资者的资产总额收取 2% 的管理费，这整整比美国共同基金的平均收费水平高出 1/3。对冲基金的管理者还要从投资者的利润中拿走 20%，作为基金经理创造利润及基金公司提供基金的回报。毫无疑问，凭借投资者对这种高收益的无限期待，对冲基金公司及其管理者便可以乐此不疲地给自己印钞票了。

对冲基金是否披露其经营结果完全属于自愿行为，这就给整个行业罩上了一层迷雾，让投资者只闻其声不见其人。《经济学人》（*The Economist*）杂志在每一期中均对未经审计的对冲基金收益率进行报道，并与各全球指数基金进行比较。十几年来，我通过跟踪分析这些数据后发现，对冲基金的收益始终比指数基金高出 2% 左右。

但这些数据的收集者显然不会费力不讨好地去研究那些有今天没明天，甚至是已经破产的对冲基金。相反，他们的数据仅限于持续经营的基金。因此，这些非持续经营投资产品造成的数据缺口到底有多大尚不得而知。

普林斯顿大学的伯顿·G. 马尔基尔及耶鲁大学的罗伯特·伊博森（Robert Ibbotson）根据对冲基金在 1996—2004 年 8 年间的研究指出，只有不到 25% 的基金存活期达到了 8 年。既然如此，在这样一个死亡率高达 75% 的行业里，纵然你有慧眼识珠的本领，又能挑出多好的东西呢？我是不愿意涉足这个陷阱了。

因此，研读公开披露的对冲基金平均回报，我们看到的只是那些存活的基金，而那些正在走向死亡的基金却没有被纳入这个平均化过程。这就好比你作为教练，带领 20 个刚入学的高中生参加一场越野长跑比赛。尽管有 17 个人在还没有达到终点时即退出比赛，但毕竟还是有 3 个人坚持到最后，而且包揽前 3 名，于是，你就可以在校报上发布一篇报道：你的学生在这次比赛中的平均成绩为第 2 名。这难道不是胡说八道吗？但在操纵对冲基金数据的魔幻世界里，这就叫“精确”。

马尔基尔和伊博森研究后发现，按照这样的数据库提供的“灰色”数据，对冲基金的年均收益率整整被高估了 7.3%。

这样的结果既没有剔除生存偏差，也没有考虑回填偏差（Back-fill Bias，指在基金绩效计算中，数据提供者总是偏向于提供积极优良基金的数据，从而造成对基金的错误估计，一般是高估。——译者注）。现在，我们不妨假设有 1 000 只刚刚开业的小型对冲基金。一旦“开门营业”，他们就要向某些高端投资者兜售自己的基金。但他们的规模还不够大，业绩还不够辉煌，于是，他们可以不向对冲基金数据“操作者”提供业绩数据。

按照马尔基尔和伊博森的研究结论，假设这 1 000 只基金中的 75% 在 10 年之后关门大吉，那么，这 750 只基金的投资者幻想的财富泡沫也同样不复存在。

10 年后，如果幸存下来的 250 只基金依旧存在，其中又有 125 只凭借用心良苦的营销和傲人的业绩发展壮大，并达到一定的规模，那么，这些基金的经营者就可以把这 10 年的历史收益提供给对冲基金的数据“操作者”。这个只强调优质基金而忽略劣质基金的过程，就产生了所谓的“回填偏差”。

所以，这种做法实际上忽略了计算期内破产的基金以及经营业绩不够突出而被数据刻意剔除的基金。伯顿和伊博森通过研究发现，在计算期内，这种令人费解的人为选择，导致对冲基金的年均收益率足足被高估了 7.3%。

而更糟糕的是，频繁的交易造成对冲基金的税后业绩不佳。此外，在计算期内，我们根本就无法预知哪只基金会破产，更无从知晓哪只会死得凄惨无比。

对冲基金有点像刺猬，远远看来温顺可爱，但绝对不要接近它。整体股市指数基金依旧是更安全的投资选择。

在投资过程中，充满诱惑的承诺和一夜暴富的梦想永远会让投资者神魂颠倒。但它们也提醒我，在漫长的旅途中，千万不要轻易尝试没有走过的捷径，因为你很容易会迷路。我想法国著名作家伏尔泰肯定会赞同这个观点。在 1764 年版的《哲学辞典》（*Dictionnaire Philosophique*）中，伏尔泰写道 ：“至善者善之敌”，换言之，凡事不能都去追求完美，否则只会让你丢失眼前的美好。那些已完全可以凭借现有投资策略（比如指数投资）取得佳绩的投资者，或许还想追求“最佳”的境地。但这种追求极致的道路铺满荆棘，在这条路上，悲剧或许多于成功，坎坷或许多于快乐。

你掌握“致富黄金法则八”了吗?

1. 什么是“致富黄金法则八”?

◆ 投资领域诱惑多，理性抵制是关键。

◆ 对投资者来说，最重要的就是要学会自控，不要被看似来得容易的钱所诱惑。高回报率是最危险的警报。

自主理财过程中，最大的问题在于如何规避形形色色的骗局和诱惑。

世界上根本就不存在通往一夜暴富之门的钥匙，因此，千万不要被极具诱惑的广告宣传所迷惑欺骗。

考虑纳税和费用，主动式管理基金打败多样化指数基金的几率是微乎其微的。

2. 怎么运用“致富黄金法则八”?

◆ 警惕并抵制“快速致富经”和投资杂志，因为它们不过是吸金陷阱、广告商的促销渠道。

◆ 学习了解为什么高收益债券也叫“垃圾债券”、“炒黄金”对积累财富没有任何帮助、对冲基金是钱包上的漏洞，并远离它们。

◆ 在你的投资组合中加入全球股市指数基金，不要让新兴市场指数占太大比例。

我们不妨动动脑，假如某个人真的能只手玩转股票市场，为什么还要浪费那么多的时间印制、兜售 9.99 美元的垃圾刊物？

财务状况出现问题的企业，很难从银行获得贷款，所以才要以较高的利息率发行债券来吸引喜欢冒险的投资者。

新兴市场能否成为未来的胜利者，还是一个悬而未决的问题。或许会。但以防万一，当前明智的选择还是根据历史调整期望，尽量减少投资风险。

3. 为什么要掌握“致富黄金法则八”？

◆ 对投资而言，充满诱惑的承诺和一夜暴富的梦想永远会让投资者神魂颠倒。但它们也提醒我们，在漫长的旅途中，千万不要轻易尝试没有走过的捷径，因为你很容易会迷路。

◆ 如果投资杂志能以利他主义情怀帮助投资者创造财富，我们或许就会在每期的封面上都看到同一个标题：“要买就买指数”。

当普通公众被熊市吓坏了时，他们最想知道的是如何逃离股市，而非将大甩卖的股票尽收囊中。当公众惶恐不安时，给他们带来最亟须的安慰，这就是财经杂志的销售之道。

投资理财方面理智的保守要比跨过峡谷去摘取一朵花儿更为可取。

对大多数人来说，熊市远比直肠检查更可怕。但在熊市里买进低价股就是最有效的财富积累策略，尤其是对于长期投资者而言更是如此。

MILLIONAIRE TEACHER

致富黄金法则九

一定要买股票时，请用“10% 投资选股法”

为何女人比男人更容易从股市投资中获益？苹果那么牛，我却从不买它的股票，为什么？

可口可乐为何让投资者省心？每股 5 美元比每股 100 美元的股票更贵？ 你买的股票价格是否脱离企业利润？

The 10% Stock-Picking Solution...If You Really Can't Help Yourself

女性或许天生比男性更善于投资。世界各地针对男女投资者收益能力的比较，都将胜利者的奖杯颁给了女性投资者。

为什么会这样呢？也许是因为女性是家庭理财的主力吧。不过，对很多男性来说，这种说法似乎有些不合情理。毕竟，女人可不像男人那样，喜欢围着饮水机大谈眼下最热门的股票或者主动式管理基金，也不会流着口水看贝基·奎克（Becky Quick）和其他主持人在“消费者新闻与商业频道”（CNBC）上眉飞色舞地畅谈股票走势、经济形势或市场动态。如果女性很少利用瞬息万变的市场信息，她们又怎能在投资上打败男性同胞呢？

金融学教授布莱德·巴博（Brad Barber）与特伦斯·奥迪恩（Terrance Odean）指出，女性投资者的年均收益率约比男性投资者高出 1%。原因很简单，根据 2009 年《华尔街日报》贾森·茨威格发表的一篇文章，女性投资者的交易次数较少，组合的投资风险较小，而且对回报率的心理预期也比男性低。这表明，相对于女性，男性似乎更容易过度自信。

通过我的指数投资课程，很多女性投资者学会了如何以指数构建多样化组合。对她们投资账户来说，最大的风险来自何处呢？就我个人的经验，它来自她们的丈夫。

较之女性，男性投资者更喜欢让他们的投资账户承载更大的风险，更喜欢追逐所谓“一夜暴富”的股票，更喜欢猜测经济发展的走向。他们总以为，风险越高，回报越大。

这表明不同性别的投资者在投资秉性方面存在重大差异，而这场投资性别大战最需要的无疑就是折中。不管你是男性还是女性，如果不能抵御个股的诱惑，那么，你可以从投资组合中拿出 10% 的资金用作个股投资成本，但剩下的 90% 一定要用于多样化指数投资。

在买进个股时，务必要保持理智冷静。虽然长期来看你不可能打败指数，但还是有可能在个别时段幸运获利。无论如何，这样的过程还是让人蛮享受的。

学习巴菲特纵横股市的秘诀

1999 年，我加入了一个由同校教师组成的投资俱乐部，我们把钱凑到一起投资。最初，我们像是一艘没有舵手的小舟，摇摇晃晃地起航了。我们觉得自己很聪明，每天收看经济新闻，订阅各种选股通讯，浏览财经网站，阅读《华尔街日报》，收看各种“专业”电视节目。投资媒体一贯以发布或狂热或抑郁精神分裂般的新闻为己任，于是我们的投资账户与大多数听信这些新闻的投资者一样，遭受了沉重打击。

但也就是在那个时候，我们成为沃伦·巴菲特的忠实信徒。与我们此前笃信的其他股市“圣人”不同，巴菲特从未说过他能预见股价的短期走向，也从不装腔作势地断言利率的趋势，或者某个公司的收益是否能在某月、某个季度或者某年超过市场预期。

但巴菲特带给我们的东西却更有价值。他教导我们如何以清晰而富有逻辑的思维去认识股票，并在合理的价位上买进股票；他还告诉我们，任何企业都有其内在价值，而且这个估值在任何时候都有可能高于或者低于股市的报价。换句话说，**任何一只股票的内在价值都有可能远远超过其当前的市场价格。寻找价格合理甚至被低估的优质企业，就是巴菲特多年以来纵横股市、创造巨大财富的秘诀**。当然，这也是我们这个投资俱乐部最希望做的事情。

到 2000 年底，经过最初一段匆忙、草率的折腾之后，我们这个由学校教师组成的投资俱乐部开始正式接受“沃伦福音”的洗礼。我们按巴菲特的原则选股，效果颇佳。在 1999 年 10 月—2011 年 1 月，实现了 8.3% 的年均收益率。

2004 年，我开始给 *MoneySense* 杂志的主编伊恩·麦古甘投稿，公布自己持有的投资对象及结果。2008 年，麦古甘建议我将投资俱乐部“公开上市”。于是，我在 2008 年 11 月的 *MoneySense* 杂志上发表了我们这个投资俱乐部采用的方法和取得的成果。

从 2008 年起，这个投资俱乐部的业绩一直不错。其中最重要的经验就是：我们从来没有幻想过在长期内超越股市指数。

时间对任何奢望挑战指数的人都会产生一种腐蚀效应。很多远比我们聪明的投资者能够多年超越大盘，不过，他们一旦踏错一步，就会满盘皆输。这正如蝉联五届环法自行车赛冠军的兰斯·阿姆斯特朗（Lance Armstrong），他当然想延续自己的传奇，但他不可能永久霸占这个世界头号赛事的王冠。

不管投资者曾经取得怎样的辉煌，最终，他们中的大多数都要在多样化指数基金组合面前败下阵来。正因如此，我才把自己的全部退休金交给指数基金。如果你还揣着超越股市指数的幻想，我或许可以把我们的教训与你分享一下。一定要记住：**不管你最初曾经取得怎样的成绩，都不要一厢情愿地以为自己可以轻而易举地跑赢大盘，你只能把整个投资组合的一小部分分配给个股。**

首先要了解你不知道的是什么

我相信，大多数百万富翁都不会频繁交易股票。一旦涉足股票投资，他们肯定会像购买企业、房产或是地产那样，用心经营并长期持有。大量研究均显示，一般来说，交易频率越高，扣除税费之后的盈利所得就越低。因此，还是把那些让人眼红的热门股、充满诱惑力的夸夸其谈或是 CNBC“扬声器”（*Squawk Box*）节目的财经评论彻底抛诸脑后吧，让自己冷静地面对市场上的风风雨雨，不要为转瞬即逝的插曲所蒙蔽。大多数富人都会耐心地经营自己的企业。毕竟，投资股票就是投资企业，千万不要简单地把股票视作屏幕上的交易代码。因此，我们不仅要在买进股票时精挑细选，更要精心经营长期持有。

投资股票前，需要了解两件事。

- 必须认识到熊市是投资的大好时机。
- 要学会如何识别一个优质企业。

希望你看了本书法则四后，对第一个问题已有所领悟。牛市会让长期投资者隐隐作痛。如果你打算为自己购置一笔至少 5 年以上的股市投资，最好在股市萧条期入市，如果恰逢大熊市那就再好不过了。

投资前，你首先需要了解你不知道的是什么。这听起来是个悖论，不过你姑且听着吧。明确自己的无知可以让你避免陷入投资黑洞。只了解一家企业的基本业务以及它所能创造的销售额还远远不够，我们还需要深刻了解这家企业的运营状况和经营方式。显然，我们永远都不可能对一家企业无所不知。尽管个股投资者往往需要非凡的运气，但尽可能了解你所投资的企业必定会让你变得更加理性。

即便是一只广受市场推崇的股票，譬如当下科技股中的宠儿苹果公司(Apple)，如果你对它缺乏深刻的了解，最好的选择依旧是敬而远之。

理财故事

“苹果”股票那么牛，我们为何没选它？

我们的投资俱乐部才一直没有买进“苹果”的股票。毫无疑问，这是一家神奇而令人赞叹的企业，但我们对“苹果”显然缺乏足够的了解。我们不知道它将如何维持自身的竞争优势。我们只知道，在 2001 年，它还是一家垂死挣扎的公司；我们还知道，简单易用、引领消费潮流的创新型产品让“苹果”如同风暴一般占领全球市场，使其成为当今最炙手可热的企业。

但我们无法准确地描述“苹果”是怎样运行的；我们不了解它的研发项目以及研发的目的和原因；我们不知道它对未来的设想有多雄伟，也不知道这些设想最终能否成为现实。更重要的是，我们不清楚它在未来10年是否还能持续推出深受消费者青睐的产品。毕竟，维持这种市场影响力和技术优势是“苹果”公司成功的关键所在。由于我们无法评估它的发展前景，因此，我们没有资格去购买“苹果”的股票。

听到我上面的陈述，你可能会连连摇头。因为你觉得自己对“苹果”的业务一清二楚。或许你本人就从事这个行业，你对“苹果”公司的产品、未来发展前景及其财务状况了如指掌。如果是这样的话，那当然再好不过了，因为你完全有能力像一个明智的投资者和企业家那样去购买和持有“苹果”的股票。但如果你也像我一样，在技术上依旧面对诸多挑战，那么，最可取的选择或许就是寻找更适合自己的投资天地。

识别优质企业，选择绩优股

如果你找到一家优质公司，而这家公司的股票又处于震荡状态，此时就是最佳时机，尽管大胆买进吧。这也是我们这个投资俱乐部的基本投资策略。在这种情况下，如果一家公司稳健经营，其股价反弹的几率会很大。因此，我们就可以充分利用市场的普遍性恐慌，发掘隐藏在非理性投资背后的利润。

选择业务简单的企业

著名美国股票投资家彼得·林奇管理的富达麦哲伦基金（Fidelity's

Magellan Fund)，在 20 世纪 80 年代取得了极好的回报率。林奇曾建议投资者应选择那些即便是傻子都能经营的企业，因为总有一天，某个傻子会成为这个企业的掌权人。这就是企业的归宿。不管你对一个企业多么情有独钟，你也不能指望它的领导者永远都是聪明绝顶的天才。因此，我们的投资俱乐部始终偏爱业务内容较为简单的企业，尽量规避那些快速发展变化的企业。

快速发展变化的企业通常较为复杂，让业外投资者无从下手，难以分析。更重要的是，他们的股价通常要高于其他企业。微软的比尔·盖茨曾建议，相对于“老经济”（指存续时间较长的蓝筹股行业。——译者注）环境下的企业，难以预测实际盈利的科技公司的股价应该低一些。但实际情况却并非如此。1998 年，在给华盛顿大学的商业系学生授课时，彼得·林奇曾说过：“我认为科技股的市盈率应远远低于可口可乐和吉列这样的股票才算合理，因为技术企业的经营者更容易受到经营环境变化的影响。”那么，科技公司的未来前景到底会怎样呢？它们是会日渐强大，还是逐渐萎缩，抑或彻底消亡呢？

了解市盈率，挑选潜力股

市盈率（Price-Earnings Ratio，P/E，即个股价格和收益的比例。市盈率越高，说明股票价格越贵。——译者注）表明的是一只股市价格的贵贱。股票报价本身并不能说明这个问题。例如，一只市场报价为 5 美元的股票有可能比价格为 100 美元的股票更贵。

表 9.1 就是一个很有说服力的例子。我们不妨设想有两家企业，每年创造的利润均为 100 万美元。企业 A 按每股 5 美元的价格发行了 500 万股。因此，如果你要收购整家公司，就需要支付 2 500 万美元的价格（每股 5 美元 × 500 万股 =2 500 万美元）。

如果这家公司每年的营业收入为 100 万美元，且整个公司的市场价格为 2 500 万美元（按每股 5 美元计算），我们就可以知道，这家公司的价格为公司年收益的 25 倍。

当股票按企业年收益 25 倍的价格在市场上交易时，我们就可以说，这只股票的市盈率（P/E）为 25。

我们再设想另一家公司 B，其年收益同样为 100 万美元，其股票的市场价格为每股 100 美元。假设公司 B 发行的股票总数为 2 万股，要买进公司 B 的全部股票，进而收购整个公司，投资者就需要支付 200 万美元（每股 100 美元 ×2 万股 =200 万美元）。

表 9.1　每股 5 美元的股票比每股 100 美元的更贵

类　别	公司A	公司B
股票价格	每股5美元	每股100美元
企业年利润	100万美元	100万美元
公司发行股票的数量	500万股	2万股
收购整个企业的价格	2 500万美元	200万美元
股票价格相对于企业利润的倍数	25倍	2倍
市盈率（P/E）	25	2

由于公司 B 的年利润同样为 100 万美元，我们就可以看到，按照这个企业 200 万美元的收购成本计算，其市场交易价格相当于公司利润的 2 倍，这就是说，公司 B 的市盈率为 2。

因此，公司 A 的市场价格比公司 B 贵多了。

对比当今的技术公司与传统经济企业，我们会发现，科技股投资者需要承担如下两种类型的风险：

- 他们买进的企业股票未来的可预见性较低。
- 他们购买的企业股票价格较贵，详见表 9.2。

尽管科技公司偶尔会具有高于传统企业的市盈率，但人们往往需要为它们支付更高的价格。就总体而言，假设所有股利也用于再投资的话，科技股给投资者带来的回报远远低于传统类别股票。

表 9.2 截至 2011 年 1 月的相对市盈率（P/E）

科技股的市盈率	科技股	传统股的市盈率	“老经济”股票
22	苹果(AAPL)	19	可口可乐 (KO)
23	甲骨文 (ORCL)	13	沃尔玛 (WMT)
26	高通(QCOM)	20	通用电气(GE)
22	安捷伦(A)	13	奥驰亚(MO)
25	谷歌 (GOOG)	12	强生 (JNJ)

资料来源：Yahoo! Finance，“截至 2011 年 1 月的相对市盈率”。

优先选择传统经济股票

在《投资者的未来》（*The Future for Investors*）一书中，来自沃顿商学院的作者杰里米·西格尔通过一系列深入研究指出，投资者用其股利进行再投资应优先选择传统经济股票，而不是新经济（科技）股票。传统经济股票支付的股利相对较高，在再投资时，这部分股利可以自动购买新的股票。

以股利自动买进新股票意味着投资者拥有了更多享受股利的股票。这就形成了一种滚雪球效应。西格尔发现，过去 50 年，最赚钱的股票依旧是埃克森美孚、强生、可口可乐这样的老牌公司，而不是 IBM 或是德州仪器这样的创新企业。但大多数投资者并没有意识到这一点。他们宁愿为这些“性感”的科技股支付更高的价格。所以从长远来看，耐心的传统股票投资者往往可以轻而易举击败科技股投资者。

选择在业内长期保持领先地位的企业

由于不能控制一家企业的管理决策，你应该选择那些在业内长期保持领先地位的企业投资。我们投资俱乐部一个最佳决策就是在 2004 年买进可口可乐股票。我们幸运地以每股 39 美元的价格买进它，而且我们坚信是按合理的价格买到了一只优质企业的股票。从那时起，可口可乐股价总计上涨了 72%。但随着市盈率的攀高，它也让我们失去了继续增持的热情。

我之所以称可口可乐是我们的最佳投资之一，就在于它持久的竞争优势、我们所支付的成本以及对可口可乐的盈利能力持续走强的预期。我们对它充满信心，所以没必要每个季度都去关注他们的经营状况。我们可以看看它的历史收益数据，然后再计算其每 3 年的平均利润，就会发现它始终保持盈利增长状态。

表 9.3 为可口可乐自 1985 年以来的每股收益数据。

表 9.3　可口可乐持续增长的盈利

3年期	平均每股收益
1985—1987	$ 0.26
1988—1990	$ 0.43
1991—1993	$ 0.72
1994—1996	$ 1.19
1997—1999	$ 1.45
2000—2002	$ 1.57
2003—2005	$ 2.06
2006—2008	$ 2.65
2009—2010	$ 3.21

资料来源：《价值线投资调查》。

不管你怎样划分“新兴市场”，它都将为可口可乐带来更高的利润。例如，可口可乐在 2010 年年报中披露，公司在印度的年销售量较上年增长 17%，欧亚大陆南部地区的销售额同比增长 20%。广泛且不断增长的消费者群体、不计其数的产品种类及强大的竞争优势，使可口可乐完全可能成为世界上最具可预测性的企业。

这就是说，**要评估一个优质企业的价值，仅仅分析它在未来是否依旧拥有竞争优势是远远不够的。**

选择产品价格有增长空间的企业

你或许已经意识到，投资就是一场概率游戏。只有一点是可以保证的：**投资低成本指数基金，你就能获得大盘收益与股利之和**。或者说，长远来看，你就能打败绝大多数职业投资者。不过，这并非万无一失，因为我们根本就不知道 5 年或者 10 年后的市场走向。但无论如何，这依旧是我们最值得信赖的投资策略。

与投资指数基金相比，挑选个股就更加不可靠了。你怎能把成功的赌注压在个人的喜好上呢？

投资那些易于管理且随着通货膨胀，产品价格和经营收入能够不断上涨的企业会更好。一个不符合这些标准的典型企业就是美国著名计算机制造商——戴尔（Dell）。虽然戴尔是一家传奇企业，但计算机产品价格的持续下跌却让他们举步维艰。诚然，随着时间的推移，大多数科技公司最终只能按较低价格销售产品。

不妨想想你的第一台笔记本电脑花了多少钱，而今天的价格又是多少？但对于戴尔这样的计算机制造企业来说，尽管产品制造成本的不断下降是产品价格下跌的主要原因之一，但较低的价格也降低了企业的利润率。换句话说，当戴尔以 1 000 美元的单价出售产品时，扣除制造成本与各种税费，还有多少钱可以进入它的腰包呢？在 2001—2005 年，戴尔公司的年均净利润率为 6.34%。也就是说，戴尔每出售 1 000 美元的产品，就能创造出 63.40 美元的利润。但是在 2006—2010 年，戴尔的年均净利润率却只有 4.08%，即每 1 000 美元的销售收入只能为戴尔带来 40.8 美元的利润。

产品价格下降危及企业的长期盈利能力（而百事可乐和可口可乐就不必考虑这样的事情）。假如你现在把自己关进冷冻室里与世隔绝，在 20 年之后醒来，那时戴尔还会是一个知名家用计算机品牌吗？也许还是，但也可能会像此前的许多技术公司那样销声匿迹。

相比之下，20 年后，可口可乐、强生以及百事可乐这样的企业则更有可能成为市场的领导者。因为消费者对这些公司的产品具有很高的忠诚度，因而可以在适当环境下提高其产品售价。与大多数科技类企业不同的是，这些企业不需要随时面对推出“下一代新产品”的压力。展望未来的若干年，他们可以创造新产品，营销新产品，让消费者体验和分享这些新产品。但这显然不是技术类公司所能达到的，为了留住原有消费者和吸引新消费者，它们唯一的选择就是降价销售，否则，消费者就会被其竞争对手推出的新玩意儿所诱惑。这一切，都让这类公司面临一个无比艰难的经营环境。

低负债的企业是个股投资的明智之选

经济史就是一部危机与繁荣交替出现的历史，而未来将在两者的博弈中展开。

很多职业选股人都喜欢低负债率的企业，因为它们更有能力抵御经济风暴的侵袭。这一点很重要。在经济衰退时，人们会减少产品消费，这时，负债率较高的企业就无法从容应对这样的变化。因为贷款利息将对这些企业造成沉重的压力，为了支付利息，它们很有可能被迫裁员或是变现资产（生产设备、房产建筑和土地）。即便在业内依旧拥有持久的竞争优势，但如果由于迫不得已而变现大量资产的话，它们的这种优势也将难以持续。

一个最典型的零负债企业就是快扣公司（Fastenal），这也是我们的投资俱乐部在 2005 年买进的一只股票。该公司出售建筑材料，并已在美国及世界各地成功开展业务。但随着 2008 年美国经济渐渐萧条，整个房地产行业遭受重创，让这家公司的发展脚步开始减速。

由于没有长期负债，快扣公司不必承受偿还长期银行贷款利息的压力。而且，对于那些经营稳健、无负债或是低负债的企业，经济衰退反倒可能让他们因祸得福。因为这种公司可以借机收购濒危企业的资产，于是，在衰退结束时，他们反而变得更加强大。

我们看到，对于快扣公司公布的无负债资产负债表，吸引了无数投资者的眼光。2010 年底，在整个建材行业徘徊不前的大形势下，快扣公司的股价本应远远低于 5 年前美国房地产泡沫极度膨胀的时期的股价。但事实却恰恰相反。快扣的股价并没有像众多同行那样一蹶不振。图 9.1 显示，到 2011 年 1 月，该公司的股价反而高于 5 年前行业最兴旺时期的股价。

快扣公司的股价变动情况（2005年10月—2010年10月）

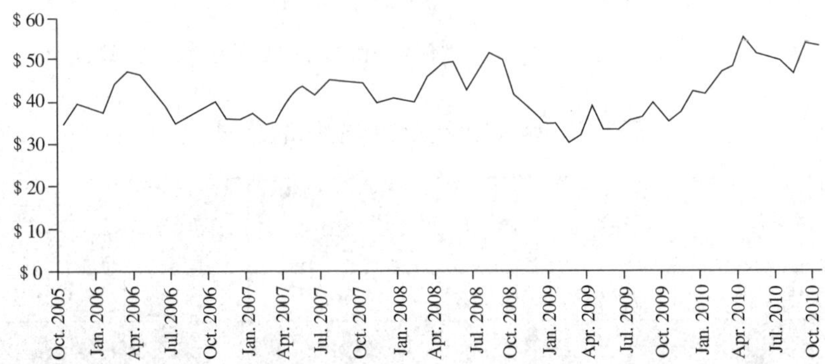

资料来源：Yahoo! Finance。

图 9.1　快扣公司的无负债资产负债表及经济衰退期稳定的股价

有些投资者喜欢观察企业的负债权益比率（Debt-to-equity Ratio）。企业负债占资产的比例这个指标非常具有说服力。但我更偏爱那些没有任何负债的企业。

在企业负债这个问题上，给自己留出适当的安全空间显然更为明智。有些人喜欢“良性负债”，鄙视“恶性负债”。对于“良性负债”，很多人认为，如果一个企业按 8% 的利率贷款，那么，只要利用这笔贷款赢得 15% 的利润，再加上贷款利息的免税优惠，它就可以高枕无忧地赚钱。但假如公司的收入在经济衰退期间不断递减，那么，这 8% 的利息就会像死神一般盘旋在公司的头顶，挥之不去。

但是，负债多少才算是多呢？这取决于企业的具体情况。

负债权益比率有其固有限制。理论上，负债相对于股权的数量越少，企业经营也就越稳健。但我的投资标准中，通常不包括针对负债权益比率进行的比较。如果一个企业拥有自己的设备，为什么要在艰难时期卖出这些设备去偿还贷款呢？这无疑是自断生路。通常情况下，机器设备及其他资产都是企业创造收入的必需条件，因此，我当然不希望企业放弃它们。正是出于这个原因，我才不关注负债与股权的比较，而是更喜欢拿负债和收益去比较。

对我来说，假如一家公司的年净收益（以3年期平均值为准）高于或是非常接近于其负债水平，在财务管理上，我就认为这家公司非常稳健。

表9.4列示了一些符合我的“财务稳健”标准的知名跨国公司。

表9.4 具有较低负债收益比的公司

公司名	所在行业	股票代码	2007—2009年年均纯收入（亿美元）	2010年的长期负债（亿美元）	按年均收益计算的偿债时间
可口可乐	软饮料	KO	66.57	50	约9个月
强生	医药、医疗设备及消费品	JNJ	126.46	79	约7个月
微软	软件	MSFT	154.38	49.39	约4个月
埃克森美孚	石油	XOM	350	170	约6个月
星巴克	咖啡店及咖啡产品	SBUX	5.12	无	无
阿贝克隆比&费奇	服装零售	ANF	2.49	0.75	3—4个月
史赛克	医疗设备	SYK	10.2	10.8	约12个月

资料来源：《价值线投资调查》。

优质企业的标准：高效经营、持续盈利

我们可以从经营逻辑的角度来思考这个问题。假设我们可以从两家公司中选择一家作为投资对象，他们在过去3年的年均净收益均为10亿美元。如果两家公司保持着相同的收益增长率，有相同的负债水平，其产品均属于耐用品，而且在通货膨胀期间，都能提高其产品售价。二者唯一的区别在于：

公司A用价值100亿美元的厂房设备及其他资产创造出10亿美元的利润。而公司B则能够用价值50亿美元的厂房设备及其他资产创造出10

亿美元的利润。

你会更青睐于哪家公司呢？

我的答案当然是公司 B 了，因为它的经营效率更高。假如一家公司能用价值 50 亿美元的资产和材料创造 10 亿美元的利润，它的总资本收益率就是 20%（10 亿美元 /50 亿美元 =0.20）。相比之下，公司 A 的总资本收益率只有 10%，因为它创造的利润只有全部资产价值的 10%（10 亿美元 /100 亿美元 =0.10）。

资本收益率衡量出一个企业使用股东权益和负债创造收入的能力。我认为，对于一个企业来说，它的价值归根到底要取决于它在以往的经营中，能否利用全部投资创造出可观且可靠的利润。

因此，我建议每一位对自己负责的个股投资者都应订阅价值线公司（Value Line）发行的投资研究报告，它可以让投资者全面了解世界各地的企业。投资者可以利用这份报告提供的组合筛选数据，了解哪些公司拥有最高的资本收益率，从而进一步缩小选择范围，找出能够为你带来可持续利润的股票。

不过，单看公司在某一年度的资本收益率并没有什么意义。如果一家公司在某年度表现优异，或者精通做假账的手段，它就可以在某一年给投资者报出一个非常漂亮的资本收益率数据，但它却不一定能够在未来延续这样的辉煌。我们寻找的对象必须是那些长期高效运营的持续盈利性企业。

截至 2010 年 10 月，我分析了《价值线投资调查》中提到的 2 000 多家公司投资情况，结果仅有不到 10% 的企业总资本收益率超过 15%。

通过进一步细化研究范围，我们可以找到那些 10 年期平均资本收益率达到 15% 的企业。在《价值线投资调查》提供的 2 000 多家公司中，只有不到 5% 的企业符合这个标准，其中包括高露洁、蔻驰、史赛克、亨氏、微软、可口可乐、百事可乐、TJX 公司、慧俪轻体、佳明、强生和星巴克。根据价值线提供的股票筛选数据，我们会发现，还有另外 100 家公司的 10 年期平均资本收益率达到了 15%。

诚实是优质企业的标志之一

除了要寻找经营效率较高的企业之外，投资者还要考虑企业的管理者是否诚实守信。企业高管应坦诚对待公司股东，他们应该把全体股东的利益放在首位，把自身利益放在第二位。

寻找这种管理层的最可靠办法，就是了解公司内部人员的持股比例，即公司的高管是否拥有较高比例的股权。假如公司管理者本身就是股东，尤其是手中持有 10% 甚至更多股权的股东，他们就更有可能把股东利益时刻放在心上。

你或许会认为，只有企业规模很小的情况下，内部人员才能持有较高比例的股份，但实际情况并非如此。在内部人员持股比例超过 20% 的公司中，就不乏奈飞、棒约翰国际餐饮、如新、伯克希尔 - 哈撒韦和雅诗兰黛这样的超级大公司。

如果你确实中意某家企业，但它却没有较高的内部人员持股比例，你可以关注一下其他强调股东利益的指标。高管薪酬就是其中之一。

你可以在网上轻易找到上市公司高管的薪酬水平，然后将你感兴趣的公司与其他同业进行比较。如果企业的盈利水平相近，所在行业相同，那么他们的薪酬水平就应该相差不多。但是，假如某位首席执行官的收入远远高于其他同行，这或许就是一家没有把股东利益放在首位的公司。

庞大的管理薪酬仅仅是问题公司的一个特征，那些为取悦分析师而玩账单游戏的公司同样让人讨厌。最常见的伎俩就是回购本公司的股票。如果股价估值偏低，这样做是有利可图的，因为公司不用投入资金生产便可赚钱。但有些公司却误入歧途，大肆滥用这种方法，为了抬高股价而在股价较低时抛出，然后又在市场热得发烫或在股价 30 倍甚至 40 倍于收益时回购。

这种愚蠢的做法会耗尽公司的现金，因为持续买高卖低的唯一动机就是粉饰其每股收益，以赢得分析师的好感。这是一场疯狂的游戏，因为它毁掉了股东的财富。

像私家侦探那样收集一手信息

我发现自己越来越喜欢到“价值线”这样的网站上在线选股了，我希望能借此找到符合特定财务标准的股票，但对一位理性的投资者来说，股票筛选只是一个起点，而绝不是终点。早在互联网时代到来之前，已故投资家、《怎样选择成长股》《股市投资致富之道》的作者菲利普·费雪（Philip Fisher）便设计了一套检验公司投资价值的标准，那就是拜访他感兴趣的公司的顾客和竞争对手。他会提出一些具有针对性的问题，比如：“你的竞争对手有哪些优势，有哪些缺陷？”“你应采取哪些措施以维护自己的竞争优势？”等。

这样做的关键并不是要你闯进公司的公关部去提这些问题，而是要深入到设计、制造、销售和配送公司产品的各个基层去了解。尽管互联网可以成为信息的重要来源，但它也可能让人们变懒，因为它经常会诱使我们不由自主地依赖“二手”信息。

例如，当我来到一个住宅建设现场时，我经常会四处走动，询问他们采用哪种加固件。辛普森制造公司（Simpson Manufacturing）也是我们的投资者俱乐部投资的对象之一。我们一直想知道到底谁在使用它的产品，这些客户到底喜欢它哪一点，对它又有哪些不满。只要我走进建筑工地，听听人们是怎样谈论“辛普森”的，比如它的销售代表是否易于相处、它的产品有何出色之处等，我就可以掌握大量的一手信息，而这些是在互联网上无法获取的。

我认为：**作为一家公司的股东，全面深入了解你的公司是非常重要的。**千万不要去尝试所谓的捷径，那只能让你得不偿失。

与债券收益率比较，决定买进时机

在决定了哪些股票值得投资之后，第二件必须做的事情就是在合适的价位上买入这些股票。但什么样的价位才算合适呢？同样，你可以把自己设想为一个老板，准备购买整家公司。

我们不妨以星巴克为例。就在我创作这本书的时候，星巴克的股票价格为每股26美元，发行的股份总数为7.4亿股。这就是说，星巴克的企业价值约为192亿美元。

在过去3年中，星巴克公司披露的年均净收益达到5.98亿美元，即2007年为6.72亿美元，2008年为5.25亿美元，2009年则是5.98亿美元。假如我们花了192亿美元买下整个星巴克公司，我们肯定想知道，自己的投资回报率到底会是多少呢？将5.98亿美元除以192亿美元，我们就得到了这笔投资的回报率（也称为收益率）3.1%。

从企业整体角度去认识这个问题非常重要。假如你按192亿美元的价格收购整个公司，在扣除各种税费之后得到5.98亿美元，即是说，这笔192亿美元的投资给你带来了3.1%的收益率。

那么，这到底算不算一笔好买卖呢？这还要看具体情况。我们首先可以将股票的收益率与10年期政府债券的收益率做一下比较。任何股票的安全性都不如政府债券，因为政府不大可能破产，至少那些发达国家的政府不会破产。因此，假如股票的收益率低于无风险债券的收益率，你的这笔投资肯定是不划算的。实际上，由于任何股票在未来的收益情况都是不确定的，你就不应该指望自己买进的所有股票都能超过10年期政府债券。要补偿购买某只股票带来的额外风险，它就必须能创造出超过债券的收益。

至于你到底需要多大的收益来补偿自己承担的额外风险，那就完全取决于你自己的判断了。对于一家增速迅猛的公司，只要它在过去3年内的平均收益率略高于10年期债券，你或许就可以考虑持有其股票。但是对于一家增长缓慢的公司，或许只有在收益超过10年期政府债券的1/10之后，你才有可能考虑持有这家公司的股票。因此，如果债券的收益率为5%时，只有在股票收益率至少达到5.5%的情况下，你才可以买入这只股票。

2010年中，我们的投资俱乐部买入了知名跨国公司强生的股票，买入价位为 57 美元。在过去的 3 年里，强生公司的平均净收益达到了 126.4 亿美元，考虑到公司当时对外发行的总股数，我们可以计算出收购整个强生公司的总成本约为 1 600 亿美元。将 3 年期平均净收益(126.4 亿美元)除以收购公司的总成本(1 600 亿美元),即为这笔投资的年收益率：7.9%。

将这个收益率与利息率为 2.52% 的 10 年期政府债券进行比较，我发现买进强生股票所需承担的额外风险得到了充分补偿。于是，我们决定买进这只股票。

满足两大条件时，该出手时就出手

尽管我认为股票投资者应长期持有买进的股票，但在某些情况下，抛出是更明智的选择：

- 公司的经营偏离其核心业务时。
- 股票明显估值过高时。

第一个原因就无需过多解释了。如果一家公司的传统优势在于生产巧克力，但它却决定调转方向去开展从未涉足过的太空旅游业务，那么放弃或许是最好的选择。

而对于第二个原因，则需要一点主观判断与客观计算。

抛售先灵葆雅股票的理由

今天，投资者已经买不到先灵葆雅（Schering Plough）的股票了，因为它已在 2009 年被默克集团（Merck）收购。2003 年，我们发现先灵葆雅的股票恰好符合俱乐部的投资标准，于是以每股 15.24 美元的价格买进这只股票。当时，先灵葆雅的当家产品抗过敏药“Claritin”刚刚失去专利保护，这使得其他公司可以以极低的成本生产同类药物。这也是先灵葆雅股票从 2002 年每股 40 美元的高位猛跌到 2003 年略高于 15 美元的主要原因之一。但我感到华尔街对“Claritin”专利权的反应有点小题大做，而且太过于情绪化。

尽管先灵葆雅早在价格暴跌之前已是著名的跨国制药企业，但它一直没有引起我的关注。在 40 美元价位上买进显然会给投资带来巨大风险，因为当时的收益率仅为 3.8%。这样的水平还不及同期政府债券的收益率，而且“Claritin”专利权即将到期还会进一步加大投资风险。虽然存在诸多不确定因素，但我还是没有想到，华尔街竟然把它的股价一下子砸到了 15 美元。尽管 40 美元价位上的先灵葆雅股票没能吸引我们，但利润率翻番后的它却让我们眼前一亮。

表 9.5 是在我们买入其股票前 3 年先灵葆雅的盈利水平。3 年期的平均收益为每股 0.75 美元。而每股 15.24 美元的价位则意味着投资收益率可以达到 7%。于是我们决定买进，并希望股价进一步下跌。

表 9.5　先灵葆雅的每股收益

年份	先灵葆雅的每股收益
2001	$1.58
2002	$1.34
2003	$0.31

资料来源：《价值线投资调查》;《先灵葆雅 2005 年报告》(*Schering Plough 2005 Report*)。

但是到 2008 年，先灵葆雅的股价却上涨到了每股 25 美元，这样，按前 3 年（2005—2007 年）的收益率计算，其年均收益率就变成了 3%。这显然低于 10 年期政府债券的收益率（当时约为 4%），于是我们决定抛出。

虽然 3 年内总计 64% 的最终收益率听起来相当不错，但其实并不尽如人意。在买进价格合理的前提下，你持有的股票上涨速度要跟随企业盈利能力增长，这样的投资才是安全且可持续的。假如公司始终没有偏离其固有的经营模式，而你最初买进股票的大部分理由依旧存在，你就可以心安理得地长期持有这家公司的股票，看着它健康成长，并一路上充分享受它带给你的红利。

如前所述，我们很少买进个股，当然也就很少抛出个股，但说句实话，我们卖掉的很多股票都在我们出手之后创出新高。先灵葆雅就是个例子，默克集团对它的收购价为每股 28 美元，整整比我们抛出时的价位高出了 12%。

总体而言，**你的投资账户交易的频率越低，盈利也就越高**。不管你是主动式管理基金经理还是个股投资者，低转手率都会带来低成本和低税收，而由此获得的就是高回报。

但长期坚守自己选中的股票也要求我们尽可能地深入了解投资对象。要保证最大限度地熟悉投资对象，首先要尽量选择那些业务简单、可预测性较强的企业，然后再从中选出经营高效、最有可能经得住时间检验的佼佼者。此外，还要考虑金融海啸可能给它带来的影响。低负债或许称得上是企业最坚实的基石，尤其是在经济的寒冬里，它可以帮助企业更好抵御风雪。

当找到你想买进的股票后，就应该像收购整个企业那样去分析它的市场价格，因为最终的收益很可能依赖于你最初支付的价格。但即便是凭借最优秀的选股工具，大多数个股投资者输给大盘指数的概率还是非常高，而如果考虑交易成本和税费的话，这样的可能性还会更大。与大潮搏击的确其乐无穷，但我们还是应该将自己的大部分钞票投资于由指数构建的多样化组合。

你掌握“致富黄金法则九”了吗?

1. 什么是“致富黄金法则九”?

◆ 如果你无法抵抗个股的魅力，那就从投资组合中拿出10%的资金用作个股投资成本，但剩下的90%一定要用于多样化指数投资。

女性或许天生比男性更善于投资。女性投资者的交易次数较少，组合的投资风险水平较低，而且对回报率的心理预期也比男性低。

不管投资者曾经取得过怎样的辉煌，他们中的大多数最终都要在多样化指数基金组合面前败下阵来。所以你只能把整个投资组合的一小部分分配给个股。

2. 怎么运用“致富黄金法则九”?

◆ 在买进个股时，务必保持理智冷静、精挑细选，并精心经营长期持有。

◆ 最大限度地熟悉投资对象，尽量选择那些业务简单、可预测性较强的企业。

◆ 寻找并学会识别价格合理甚至被低估的优质企业：低负债、高效经营、持续盈利、诚实。

◆ 认识到熊市是投资的大好时机，收集尽可能多的一手信息、设定个股买进价位、该抛出时则抛出。

◆ 订阅价值线公司（Value Line）发行的投资研究报告，找出能持续为你带来利润的股票。

不要幻想过在长期内超越股票市场指数。时间对任何奢望挑战指数的人都会产生一种腐蚀效应。

牛市是一件让长期投资者隐隐作痛的事情。如果你打算为自己购置一笔至少5年以上的股市投资，最好在股市萧条期入市，如果恰逢大熊市那就再好不过了。如果你找到一家优质公司，而这家公司的股票又处于震荡状态，此时就是最佳时机，尽管大胆买进吧。

尽可能了解你所选择投资的企业必定会让你的投资更加理性。

3. 为什么要掌握“致富黄金法则九”？

◆ 虽然你不可能在长期内打败指数，但还是有可能在个别时段幸运地获利。所以某种程度上个股投资的过程还是让人蛮享受的。

◆ 不同性别的投资者在投资秉性方面存在重大差异，10% 个股投资法是最好的折中。

投资就是一场概率游戏。只有一点是可以保证的：投资于低成本指数基金，你就能获得大盘收益与股利之和。这并非万无一失，但这是最值得信赖的投资策略。

对负责任的投资者来说，股票筛选只是一个起点，绝不是终点。

附录 1

Millionaire Teacher

中国指数基金产品名录

基金公司	基金名称	追踪指数
大陆被动式指数基金		
南方基金公司	南方 300	沪深 300 指数
	南方 500	中证 500 指数
	南方深成	深成 ETF
	南方 380	上证 380 指数
国泰基金	国泰沪深 300 指数	沪深 300 指数
	国泰纳斯达克 100 指数 (QDII)[1]	纳斯达克 100 指数 (QDII)
	国泰上证 180 金融 ETF 联接	上证 180
招商基金	招商深证 100 指数	深证 100 指数
诺安基金	诺安中证 100 指数	中证 100 指数
泰信基金	泰信中证 200 指数	中证 200 指数
银华基金	银华 - 道琼斯 88 指数	道琼斯 88 指数
大成基金	大成沪深 300 指数	沪深 300 指数
富国基金	富国上证 ETF 联接	上证综合指数
广发基金	广发沪深 300 指数	沪深 300 指数
华宝兴业基金	上证 180 成长 ETF 联接基金	上证 180 成长 ETF
	中证 100 指数	中证 100 指数
华夏基金	华夏沪深 300 指数	沪深 300 指数
	华夏亚债中国指数 A[2]	亚债中国指数
融通基金	融通深证 100 指数	深证 100 指数
	融通深证成分指数	深证成分指数
博时基金	博时沪深 300	沪深 300 指数
长盛基金	长盛中证 100 指数证券投资基金	中证 100 指数
汇添富基金	汇添富上证综合指数	上证综合指数
	汇添富深证 300ETF 联接	深证 300ETF

工银瑞信基金	工银沪深 300 指数	沪深 300 指数
	工银中证 500 指数	中证 500 指数
华安基金	华安 180ETF 联接	180ETF
华富基金	华富中证 100	中证 100 指数
农银汇理基金	农银汇理沪深 300 指数证券投资基金	沪深 300 指数
	农银汇理中证 500 指数证券投资基金	中证 500 指数
申万菱信基金	沪深 300 价值指数	沪深 300 价值指数
泰达宏利基金	泰达宏利中证财富大盘指数证券投资基金	中证财富大盘指数
万家基金	万家 180 指数证券投资基金	上证 180 指数
易方达基金	易方达沪深 300 指数证券投资基金	沪深 300 指数
	易方达深证 100ETF 联接	深证 100ETF
银河基金	银河沪深 300 价值指数证券投资基金	沪深 300 价值指数
香港被动式指数基金		
道富环球	盈富基金	恒生指数
	沛富基金	iBoxx ABF Pan-Asia Index
巴克莱国际	i 股 MSCI 中国指数	MSCI 中国指数
领先国际	领先美国 ETF	富时 RAFI US 1000? 策略指数
	领先环球 ETF	MSCI 环球指数
	领先纳指 ETF	纳斯达克 100 指数
汇丰投资	ABF 香港创富债券指数基金	iBoxx ABF Hong Kong Index
巴克莱国际	i 股新华富时 A50 中国指数基金	新华富时中国 A50 指数
中银保诚	标智中证香港 100 指数基金	中证香港 100 指数
	标智沪深 300 指数基金	沪深 300 指数
恒生投资	恒生 H 股指数上市基金	恒生中国企业指数
	恒生指数上市基金	恒生指数

备注：

①首只海外指数基金，美国纳斯达克股票市场上市的 100 只市值最大的本地及国际非金融类证券。指数使用费：0.06%。目前只和工行和招行合作直销。

②债券指数基金

鉴于当前人民币持续走高和汇率风险，暂不建议内地居民购买香港被动式指数产品。

最新最全的被动式指数基金请以证券会公布的为准。

附录 2

Millionaire Teacher

利用本书方法购买中国被动式指数基金范例

小高今年30岁，他准备每月匀出1 500元定投被动式指数基金，他可以结合中国现有被动式指数基金产品，根据“致富黄金法则五”构建其投资组合：

1. 债券指数基金的比例与其年龄相仿为30%，每月购买“华夏亚债中国指数A”：￥500，因该基金产品暂时不能定投，而每次申购金额为1 000以上，则一年的投资额为 ￥500×12个月=6 000，可一次性申购6 000；或每2个月/半年申购一次。

2. 股票指数基金的比例为70%，可考虑按如下比例进行投资：

(1)35%购买“南方沪深300”：￥500；采用后端收费方式并持有5年以上，这样则申购费和赎回费都免收。

(2) 35%购买“国泰纳斯达克100指数(QDII)”：￥500。

3. 如果他想更省时省心，可按照“懒人投资组合”进行投资：

(1) 50%购买“华夏亚债中国指数A”：￥700；每半年申购一次￥4 000或每月￥700×6= ￥4 200。

(2) 50%分别每月定投，“南方沪深300”：￥400、“国泰纳斯达克100指数(QDII)”：￥400。

附录 3

Millionaire Teacher

投资中国被动式指数基金小贴士

1. 秉持长期持有策略，以最大限度地减少投资成本。如某基金产品持有 3 年可免后端申购费和赎回费，则最好持有 3 年以上；
2. 采用定投方式，定投金额一般 100 元起；
3. 尽量选择有后端收费的基金，每月买入时不收手续费，减少定投成本；
4. 购买 A 类基金更有利于长期持有成本最小化。因为 A 类基金是前端收费，而 C 类是按销售服务费用计提的；
5. 一般网上直销费率更优惠，银行柜台手续费较高；网上购买有 4—8 折优惠；基金公司网站购买最低是 4 折；赎回时，钱款直接划入你银行账户。
6. 选择红利再投资，而不是现金分红。这样如果基金公司分红，所有的现金会自动再买入该基金，买入的这部分基金也没有手续费；
7. 如果某个月你匀不出钱定投或者大盘涨得很高，此时基金价格也很高，你可以停投一到两个月，不影响后续定投，但不要连续停投 3 个月（具体时间规定请以各基金单位的协议为准），不然会自动停止；要记得申请更改协议；
8. 牛市时，基金也涨得多，这时可以适当减少投资；若是熊市，可以适当增加投资，以增加基金份额；
9. 目前亚债中国指数基金不能采取定投方式，可按照个人投资比例额度进行申购。